張大千

110 歲

Chang Dai-Chien

書畫紀念特展

Memorial Painting and Calligraphy Exhibition

National Museum of History, Taipei 2009

展覽日期：98年4月10日至6月14日

國立歷史博物館

NATIONAL MUSEUM OF HISTORY

目 次
CONTENTS

館序

　　在中國現代藝壇中，張大千無疑是最具知名度與影響力的藝術家。他鮮明的個人形象和精采的生活經歷，與其卓絕的畫藝齊名。大千先生的畫學基礎根植於傳統，由於業師曾熙、李瑞清的影響，他早年取法明、清的文人水墨風格，及至中年，為一探高古藝術真貌，遠赴敦煌，臨摹了大量唐宋壁畫，畫風因而轉向工緻穠麗的傳統，並造成用筆、用色甚至造型上的蛻變。而後，他又長期旅居歐美，接觸了西方自動性表現創作，加上眼疾所致，使其開創出具現代感的潑墨潑彩畫風。綜觀他一生的畫風發展，面貌多元，猶如一部中國繪畫史的縮影，其更甚者，是為傳統水墨畫帶入了現代風貌，此在二十世紀初中國畫壇省思未來走向的議題上別具意義。

　　然而，張大千的藝術雖然廣受喜愛，但欲真正掌握其藝術內涵卻十分不易。由於其學習廣度超乎一般人，不僅兼擅各種畫科，且每一畫科的學習，均入古極深，吸收了歷代多種派別的養分，因此對於鑑賞者、收藏家而言，一直是極高難度的挑戰。這些掌握張大千藝術的困難同樣也出現在學術研究上，研究者若不深研傳統、熟諳各家風格，是難以全盤掌握其畫風發展脈絡的。再者，其創作力旺盛，所積累的作品數量極大，這些龐大的資料也增加了研究上的複雜度與困難。然而，卻也正因為如此，這股「張大千熱」始終不減，永遠充滿著吸引人的極大魅力，也無怪乎徐悲鴻讚其為「五百年來一大千」！

　　國立歷史博物館由於機緣巧合，與大千先生晚年接觸甚密，不但典藏其大小精作達一百四十餘件，並曾為他舉辦過十餘次重要畫展，多年來更出版有關其藝事的專書畫集近二十本之多。今年五月適逢大千先生110歲誕辰，本館特為之舉辦「張大千110—書畫紀念特展」，除挑選重要館藏品之外，並廣蒐公私立收藏單位不同主題、內涵與風格之書畫精品96組件，以及大千先生生活用品共同展出。且在既有的研究基礎之上，加強教育性展示規劃，以期將大千先生豐富而多元的藝術面向，精要地呈現於大眾眼前。

國立歷史博物館　館長

Preface

Chang Dai-Chien is unquestionably the best-known and most influential Chinese artist of the modern era, and his fascinating life story and flamboyant personality are almost as well-known as his art. Chang Dai-Chien's painting was firmly rooted in tradition; he had studied under Tseng Hsi and Li Jui-Ch'ing, Chang's early paintings were heavily influenced by the literati ink paintings of the Ming and Ch'ing dynasties. In early middle age, he travelled to Tunhuang, in one of the most remote parts of China, where he made copies of large numbers of wall paintings dating from the T'ang and Sung dynasties. Chang's painting style was heavily influenced by these frescoes, becoming more precise, with a very high level of technical expertise, and also more colorful; his brush technique, his use of color, and the forms that he employed, all changed dramatically. Subsequently, Chang Dai-Chien spent an extended period living in Europe and the U.S., where he came into contact with the "spontaneous artistic expression" that was then in vogue in the West. This, coupled with the effects of an eye disease, led him to experiment with colorful action paintings in the modern style. The diversity of Chang Dai-Chien's art over the course of his career makes it a kind of microcosm of the evolution of Chinese painting. Chang's adding of modern elements to traditional Chinese ink painting is of the greatest significance for anyone pondering the future of Chinese art in the twenty-first century.

Despite the immense popularity of Chang Dai-Chien's work, achieving a real understanding of what Chang was trying to achieve in his paintings can be a difficult task. Chang's knowledge of painting was so encyclopedic, and his study of individual genres so intensive, that analyzing his work presents major challenges for the art collector or art critic. This problem also manifests itself in academic research on Chang's art; unless the researcher has a truly in-depth understanding of the Chinese painting tradition, and is familiar with the styles of all of the different schools of painting, then it can be very difficult for him to follow the evolution of Chang's art over time. The sheer size of Chang's opus also presents problems in this regard. Of course, these challenges are part of the reason why there is still so much being written about Chang Dai-Chien and his art. The appeal of his work remains undimmed; it is no wonder that Hsu Pei-Hung described him as the sort of artist who appears only once every five hundred years.

The National Museum of History had the good fortune to have a close relationship with Chang Dai-Chien during his final years. The Museum's collections include over 140 works by Chang, and the Museum has held a dozen or so exhibitions of his work, and published well over a dozen books of his paintings. This year, to celebrate the 110th anniversary of his birth, the National Museum of History is holding a Memorial Painting and Calligraphy Exhibition by Chang Dai-Chien. Besides featuring some of the finest paintings from the Museum's own collection of works by Chang, this exhibition also includes works lent by various public and private institutions. In all, there are 96 works, in many different styles, and featuring a wide range of subject matter; the exhibition also includes some of Chang Dai-Chien's personal effects. Building as it does on the existing research on Chang's work, the exhibition has significant educational value; at the same time, it is our earnest hope that visitors will be dazzled by the breadth and magnificence of Chang Dai-Chien's art.

Huang Yung-Chuan
Director, National Museum of History

張大千潑墨潑彩畫風之發展意義
—— 中國繪畫與西方抽象藝術之理念分歧

巴　東
國立歷史博物館研究組主任

圖1　張大千，《傚石濤秋徑草堂圖》，水墨設
色紙本，140×66 cm，ca.1929，台北
私人收藏。
張大千早年畫風由明清人入手，擬傚石
濤、清潤秀逸的文人書畫風格。

導　言

　　張大千（1899-1983），一位畢生歲月剛好概括二十世紀，又完全出身於傳統中國古典畫學的現代中國畫家，在他的一生當中皆致力於傳統中國藝術的保存與發揚。他的藝術創作風格兼容並蓄，體系龐大，因此在藝術史上可賦予他一個特殊的專有名辭，所謂「集中國古典畫學傳統之大成」[1]，以界定張大千在中國美術史上之重要定位。他的晚年開拓了一種非常新穎且具有現代感的新彩墨風格——潑墨潑彩畫風，尤為世人矚目。這種張大千所開創的繪畫風格，色彩深邃濃郁，技法流暢自由，在浪漫奔放中有著古典精緻的品質，融會了中西文化不同的藝術因子，帶給世人耳目一新的視覺感受，也獲得許多人的喜愛與認同。

　　然而這種前衛現代的繪畫風格與傳統中國畫風的面目明顯地截然不同，它究竟在中國美術史上具有什麼樣的地位，而又與傳統中國繪畫風格又有何連繫相關的實質意義？在張大千「集大成」的藝術創作體系中，潑墨潑彩畫風又扮演著何種角色？它又如何與張大千早期與盛年的古典畫風傳統產生銜接轉化的創作意義？還是這種新的彩墨畫風格，只不過是張大千為了開拓新的繪畫市場所玩弄的一種筆墨技法與行銷手段？這些都是在藝術上不容易釐清的美學問題。

　　張大千能從一個地區性的中國傳統畫家邁向一個國際性的當代中國畫家，一方面由於他的天分才情極高，以及他的後天修養與超人的用功努力；但是在機緣方面，則不得不攸關於他在盛年時離開中國，長時間旅居海外，接觸西方新文化、新視野的刺激影響所致。他一生最好名山勝水，凡是大陸上風景極佳之所往往不辭千里跋涉前往，並遠至近鄰的韓國、日本。但張大千熱愛鄉里，從未有過長居海外的打算，卻沒料到他的後半生竟然長期旅居西方；直至晚年方返回台灣定居，稍堪安慰中國人落葉歸根的情感與心靈。然而促使張大千遠離中國的原因，則是政治上的原因。

---

1 請參見：巴東著，《台灣近現代水墨畫大系——張大千》（台北：藝術家出版社，2004），頁11-16；此名詞以下簡稱為「集大成」。

一九四九年中國發生內戰，國民政府退守台灣，中共建立中華人民共和國，主控中國大陸政局。由於民生局勢之動盪，大千倉促間避居海外，其時顛沛流離，亦頗為困窘。其後曾轉赴台灣、香港暫居，一九五○年又至印度大吉嶺隱居年餘；最後終因亞洲政治局勢之紛擾，大千乃下定決心遠徙南美，避居世界。一九五二年秋天，大千舉家遠遷南美阿根廷Mendoza。一九五四年二月再遷居巴西聖保羅市郊的Mogi鎮，於此耗鉅資闢建著名的中國庭園「八德園」。「八德園」環境優美，花木扶疏，風光明媚，生活方式寧靜單純，遠離煩囂。大千遂於此用功詩畫，致力創作，自此與家人僑居巴西十五年，並經常由巴西轉赴世界各地活動，乃是他正式接觸西方文化的開始；而六○年代間他幾乎都在歐美各地活動，六九年他更遷居於美國加州Carmel海岸。

因此本文則針對大千旅居海外、遊歷歐美，以迄他晚年返台定居前的這一段經歷，說明他在西方的生活歷程，接觸西方藝文氛圍的影響，肇使其潑墨潑彩的時代新畫風的開創，又如何將這種接近西方抽象繪畫的表現形式，消化到中國繪畫精神本位之傳統來；換言之，「中學為體，西學為用」的藝術境界，已在畫家這一段時間的創作發展過程中完成。這其中畫家是如何受到西方抽象畫風的影響？西方抽象畫風與潑墨彩山水風格在意境內涵上有何差異？他又是如何銜接中國文化傳統，而與西方抽象畫意念漸行越遠，終而開創自我的時代；這其中有何重要的意義，而張大千對中國水墨畫的現代發展又有何實質重要的影響？

本文皆擬對上述課題作一些探討與說明，庶幾有助於世人認知張大千——這位繼往開來、承先啟後的典範人物，在中西文化交流上所應具有的地位及成就。

一、接觸西方之緣起

一個藝術家繪畫風格的發展與演變，均有其前後相關而不可分割的因素。因此張大千晚年雖然開創出嶄新的時代風格——潑墨潑彩畫風，但實有必要對張大千早期藝術創作之淵源基礎、發展規模，以及相關養成背景有所了解，如此方能對其晚年如何消融西方抽象畫風，創立新潑墨潑彩風格之發展過程，能有一較完整周全的觀察與認知；而張大千藝術創作最大的本錢資源，則是其深厚的中國古典畫學基礎，也就是前述「集中國古典畫學傳統之大成」之內涵。筆者曾有多篇發表闡論其書畫傳承背景與相關內容，[2]此處則不多佔篇幅贅述。（圖1，2）

不過於此，仍然要特別強調的是：張大千「集大成」藝術創作體系的真正完成，則必須包括他晚年潑墨潑彩畫風的推展完成。因為「集大成」的意義，並非是故步自封，僅在繼承傳統的規模中打轉。所謂「承先啟後，繼往開來」，唯有「承先」才能「啟後」；繼承以往（傳統）的真正

圖2 張大千，《龍女禮佛圖》，水墨設色紙本，96×59 cm，1948，台北私人收藏。
張大千盛年時期赴敦煌考古，上溯唐宋高古，精筆濃艷之職業畫家風格。

2 同註1。

精神內涵，方能開啓嶄新與光明的未來。這些則涉及大千後來接觸西方新藝術領域的啓發，再經過長時間的醞釀與消化，結合自然觀察與生活經驗，最後方達到成熟理想的境地；換言之，潑墨潑彩畫風的發展成形，乃為他個人「集大成」的龐大藝術創作體系，豎立了最後階段的完整註腳，以下則由進入西方的窗口導入正題。

一九五二年秋末，張大千由香港遠徙南美阿根廷，避開亞洲較為動亂的政治局勢，隨後遷居巴西，在聖保羅市郊的Mogi鎮營造碩大的中國庭園「八德園」，自此僑居巴西十五年，這是大千僑居海外的開始。一九五三年，張大千首次訪美，與友人王季遷（1907-2003）、王方宇（1913-1997）等人相聚於紐約。當時美國藝壇正是「抽象表現主義」（Abstract Expressionism）、「行動繪畫」（Automatic Painting）大行其道的年代，畫家Jackson Pollock（1912-1956）即以運用「自動技法」（Action Painting）這種快速滴灑重疊的技法聞名於世。稍後又有所謂「色區繪畫」（Color-field Painting）的產生，畫家Morris Louis（1912-1962）、Paul Jenkins（1923-）等人則是應用一種暈濕流動，而有別於Jackson Pollock快速滴灑的新表現技法。（圖3,4,5）

以上所述都是歐美當時最常見的繪畫風格，也常見於各式藝文活動場合的裝飾及布置。這恐怕是張大千首度有機會接觸西方現代文藝活動的開始，但卻很難確定張大千當時是否有看過這種現代的繪畫風格。至少迄今為止，並沒有任何直接證據顯示，張大千在紐約有前往參觀或接觸過相關的藝文活動；但這是一種流行於當時的視覺意象與社會風氣，也影響著美國以外的現代藝術潮流。在時間與地緣關係如此接近下，張大千接觸過相關視覺意象與經驗的機會似乎也很難避免，只是依據其在海外跟隨他最久

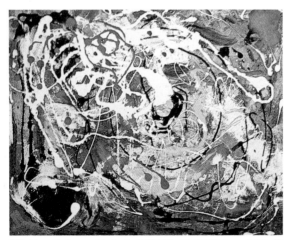

圖3 Hans Hofmann, "Spring"，油彩木板，28.6×35.9 cm，1940，紐約現代美術館。
德裔美國畫家的抽象繪畫作品，是最早使用這一類滴灑風格技法的畫家之一。這些抽象理念技法與張大千後來所發展出來的潑墨彩畫風有很大的不同，但顏料堆砌重疊的效果也略有幾分相近的面貌；參見圖16張大千所繪之《雪山紅樹》。

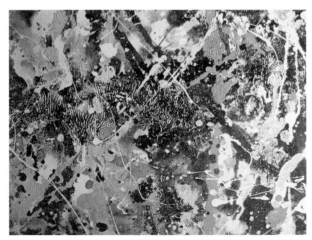

圖4 Jackson Pollock，〈一〉（局部），油彩，269.2×532.5 cm，1950，紐約現代美術館。
五〇年代間美國最知名的抽象畫家，運用「自動技法」的抽象畫作，畫幅十分巨大。

的長公子張葆蘿所述，他確實是未曾見過父親有接觸過西方抽象畫的經驗。[3]

　　然而，縱使張大千曾經看過這樣的抽象風格，由於文化背景相差得太遠，對一個像他這樣的傳統中國畫家來說，這些西方抽象畫風多半是不知所云的塗鴉或胡亂潑灑；最多只能說是一種看熱鬧而非常有趣的現象，在藝術創作上，並不能立即對張大千產生任何有意義的詮釋。何況即使在西方而言，許多類似的作品也多停留在實驗與摸索的階段，並非一種成熟且穩定的藝術創作表現。然而無論如何，這些新的文化視野必然會帶給張大千一些新的視覺景象與感官刺激，經過時間的醞釀累積，乃有特殊重要的意義產生。

　　一九五六年，是張大千藝術創作生涯中非常重要的一年。四月，於日本東京展出敦煌壁畫摹本，深獲世人佳評。因此五月底至七月間，再爲法國人延攬至巴黎近代美術館（Musee d'Art Moderne）、Cernuschi美術館分別展出個人作品以及敦煌壁畫摹本，是中國畫家首次在西方有如此盛大規模的個人畫展。同時這也是張大千第一次赴歐洲遊歷，實地接觸傳統西方之藝術與文化，觀研了西方文藝復興時期三大藝術家達文西（Leonardo Da Vinci, 1452-1519）、米開朗基羅（Michelangelo Buonarroti, 1475-1564），以及拉斐爾（Raphael, 1483-1520）的作品，使他開闊了眼界，也頗受感動。[4]

　　這段期間他又與在巴黎的現代中國畫家趙無極（Zao Wou-ki, 1921-）、常玉（San Yu, 1900-1966）等人交遊，多少也有機會接觸一些新的藝術意象或概念。七月底張大千則有另一次重要機緣，帶給他在藝術創作上一些重要的啓發或潛在心理影響。那就是他在法國南部與西方藝術大師畢卡索（Pablo Picasso, 1881-1973）的相會。（圖6）這次見面可說是「中西藝術

3 係筆者與張葆蘿先生之訪談紀錄。
4 樂恕人編纂，張大千文，〈畢加索晚期創作展序言〉，《張大千詩文集》（台北：黎明書局，1984），頁127-128。

圖6 1956年7月底,張大千與畢卡索相會於法國南部的Nice。

相會的小型高峰會議」,[5] 他們兩人交換了藝術心得並互贈作品。畢卡索對張大千非常禮遇及尊重,同時對中國藝術有極高的推崇,堅定了張大千藝術創作的理念與企圖;同時畢卡索表示對中國寫意畫強調「遺貌取神」的美學觀念特別讚賞,使張大千注意到開拓特定藝術創作方向的重要性。這次會面使張大千拓展了胸襟視野,使他的藝術觀傾向於世界性、國際性的宏觀態度,而不甘只做爲一地區性的藝術家。

二、潑墨潑彩風格的成形開創

以上所述,是他接觸西方世界的相關背景,而從一九五六年後開始,在張大千的畫作中,已漸漸可以看到畫面上有不同的變化,也透顯出新的訊息。然而在一九五七年的夏天,張大千在巴西「八德園」中與園丁在搬動一塊巨石時,由於用力過度,造成糖尿病所引發的眼膜宿疾,目力自此大受損傷必須長期靜養,[6] 因此使大千深受打擊,好一段時間無法作畫,更不可能爲工細之作。因此有許多人認爲張大千晚年是因爲眼睛不好,才促使了潑墨潑彩的新寫意風格之誕生。或許短近來看,不無影響的可能;但整體而言潑墨潑彩風格的產生,實有其深廣複雜的美學內涵底蘊,而不宜以如此簡略化約的因素加以概括。

然而這段時間大千也確實因爲眼疾而大感煩憂,一九五九年所畫的《山園驟雨》(圖7)畫面上則可看出特有一股鬱悶之氣,但在壓抑中卻有一股突破藩籬、奔騰欲出的力道與氣勢。據張葆蘿與江兆申(1925-1996)兩位不約而同地都有此說[7],此畫是張大千第一張將青綠彩潑寫施用於畫面之作。當時正值大千心情低潮之際,雖以大筆揮寫,筆墨奔放老辣,但

圖7 張大千,《山園驟雨》,水墨設色紙本,
162×81 cm,1959,台北私人收藏。

5 請參閱:巴東文,〈張大千V.S畢卡索——東西藝術相會的小型高峰會議〉(台北:《藝術家》月刊281-282期,1998),頁321、460。

6 謝家孝著,《張大千傳》,台北:希代出版公司,1982,頁302。

7 兩人皆曾對筆者說過同樣的觀點,江兆申曾將此文發表在台北《故宮文物月刊》,大約是1987年前後。另有關此作之相關內涵,請參見本書該作品展出之圖版說明部分。

圖8 張大千,《煙雲山水》,水墨紙本,119×65 cm,1960,台北私人收藏。
這張作品墨氣淋漓,氣韻生動,是畫家晚年新畫開創成形前,潑墨風格呼之欲出的作品,畫面中已可見出不尋常的新氣息。

總覺得猶未能盡情抒放個人心中的抑鬱之氣;於是在百般掙扎悸動之心境下,乃將研好的青綠彩,一股腦地全傾倒於畫面枝枒交錯之中,而營造出山林幽深濃鬱的氛圍。平心而論,這張畫作的表現風格雖然新穎,但畢竟是具象的樹叢林木,與其後帶抽象意味的潑墨彩風格相差甚大;不過畫面上也確實有青綠彩潑灑的痕跡,只是不及後來彩墨風格的大膽與前衛。

無論如何,五、六○年代之間確實有不少作品開始有新的訊息產生,(圖7、8)而通過以上這些與西方接觸的相關經驗以及一段時間的醞釀啓發,這些來自於西方的影響酵素,於是終於在一九六一至六二年間,創作了畫家第一件完整建立潑墨風格的巨幅山水畫作《青城山通景》。(圖9)在此之前,雖然有很多畫作有些潑墨技法的意味但並不明確,直到此作方達到與以往傳統式的山水風格有了明確的切割。這張畫作氣魄很大,用大塊面積的墨韻渲染,一方面是傳統技法的延伸,另一方面有著西方抽象畫風的意味;而在此基礎上,畫家將進一步開拓其未來更豐富大膽的青綠潑彩畫風。

一九六五年前後,張大千不斷地往來於歐洲、美國、巴西、日本、台灣、香港之間,他的心境開闊自由,接觸各種不同的時空與文化,終於形成了張大千一生中畫風改變最大,也最接近西方抽象(國際化)樣式的表現階段。這段時間又以前往美國的活動最多,一方面加州美麗開闊的風景名勝與環境氣候使張大千非常地心曠神怡,而加州Carmel十七哩海岸的參天古木、松巖奇觀、陽光變化,(圖10)以及優勝美地的崇山峻嶺、奔流飛瀑等壯麗的景觀,都給予張大千豐富的創作靈感,畫了許多精采的畫作,而這些畫作都具有新穎大膽的現代抽象效果,確立了潑墨潑彩風格的新繪畫形式。(圖11、12)

畫家這些新繪畫風格有一個最大的特色與改變,那就是中國書畫與文學結合的傳統文人特質,已被較集中於強化視覺效果的繪畫表現方式所取代,這顯示出張大千確實頗受許多新繪畫形式與時代風氣之影響。以創作的年代來說,張大千新繪畫風格未必比許多西方抽象表現主義畫家所形成

圖9 張大千,《青城山通景》四連屏,水墨設色紙本,195×555.5 cm,1962,台北私人收藏。

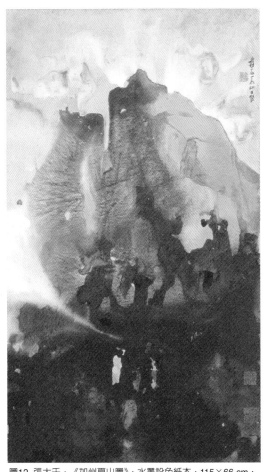

圖12 張大千，《加州夏山圖》，水墨設色紙本，115×66 cm，
1967，香港私人收藏。
畫家遊旅美國加州後於巴西所繪，畫面山的山石肌理，以
及濃郁色澤的抽象效果，有著陽光映照的感覺。

圖11 張大千，《瑞士風雪》，水墨設色紙本，44.5×59.7 cm，
1965，舊金山私人收藏。
六〇年代間張大千頻頻往來於歐美，此一階段是畫家畫風
最接近西方抽象畫的時期。

與建立的時間要晚，然而他是如何受到西方文化（藝術）的
影響則很難確認。或許美國的視覺景觀、風俗習慣、週遭環
境、生活觀念、社會制度等因素，多少會給予大千一些生活
經驗上的改變與刺激；所謂「時代氛圍」的意義，在此形成
張大千突破傳統的最佳註腳。畫家長期觀察大自然的眞實變
化，固然對其藝術創作有深刻的影響啓發；然而畫面中出現
了近似抽象的變化，似也無可否認地有相應於時代氛圍的關
聯。

當然，這種新繪畫風格也可能是張大千爲打入西方藝壇
或國際市場的一種嘗試。然而他卻能將這些新的影響逐漸消
化在其本身之文化背景中，而在最後所達到的藝術境界，卻
是遠遠超越這種外在市場因素之外。姑且不論這些非常現代
的彩墨風格與傳統中國繪畫的淵源關係，即以造型藝術的視
覺效果來看，也與當時西方抽象畫風所運用的自動技法有很
大的不同。因此張大千的潑墨潑彩畫風雖有可能受西方抽象
繪畫的影響，但兩者間卻是各基於本身的文化傳統來發展，
因此其中之內涵意義與外在形式都有很大的差別，以下將此
做進一步的討論說明。

三、西方抽象繪畫的理念表現

前文已提及張大千在一九六〇年前後，由於曾多次前往
歐美旅遊開畫展，也接觸了西方的現代藝術與畫家，因此在
其畫面上已發展出許多新的訊息。其後當他在美國活動並前
往加州定居的這段時間，張大千必須更進一步地將來自於西
方的影響消化於其傳統中國繪畫之背景中。這使張大千必須
克服兩個問題：其一是西方抽象藝術的文化內涵與中國傳統
繪畫精神之目的完全不同，他必須解決這種內在的矛盾，使
之融合於中國山水藝術之表現。其二是他必須將西方抽象繪
畫的表現技法加以改良發展，以期能更符合張大千要表達的
中國藝術精神。而這兩個層面則剛好是藝術創作中「內涵」
（目的意義）與「形式」（外在技法）的基本條件。

不過於此，必須先做釐清的是：張大千受西方抽象畫風
的影響只侷限在某一個很小的範圍，並不是與西方抽象繪畫
有全面深入的關係。因此在這裡有必要先對西方抽象畫的內
涵定義作一個較通盤的了解。在西方藝術的原始觀念中，
「抽象」（Abstraction）一詞的定義與中文的翻譯概念其實不太
一樣的。在中文概念裡，「抽象」與「具象」是一個相對的
名詞；凡是非具象、變形或脫離寫實意象的畫面表現都可以
稱之爲「抽象畫」。因此抽象畫可以是理性結構的畫面分解，

圖10　加州Carmel十七哩海岸沿線的參天古木與動人的陽光變化。（巴東攝，1998）

例如蒙德里安（Piet Mondrian, 1872-1944）的「新造型主義」（Neo-Plasticism）；也可以是沒有預設目標隨機出現，或是與現實世界隔離的畫面效果，例如康丁斯基（Kandinsky, 1866-1944）的「非具象（實物）繪畫」（Neo-objective Painting）。

　　然而在西方，「抽象」的涵義通常是指有具體目標、秩序計畫的意思，而「抽象畫」則是經過造型分析與簡化的手段，將事物對象提煉、分解，呈現理性結構的畫面視覺效果。因此隨機偶然效果或是康丁斯基的「非實物繪畫」都不能謂是西方概念的「抽象畫」。可是在一般中文概念中，康丁斯基卻是第一個創作出純粹抽象畫的西方畫家；[8] 而實際上，在西方藝術史上真正開創抽象畫的藝術家卻是畢卡索。換句話說，隨機偶然而不具有理性概念的非具象繪畫並不符合「抽象畫」的定義，而是屬於表現主義的繪畫風格。[9] 然而隨著時代與藝術觀念的快速改變與發展，「抽象畫」一詞的涵義似乎也與「非具象繪畫」的範疇界線也變得逐漸模糊。

　　二次世界大戰以後，美國畫壇「抽象表現主義」（Abstract Expressionism）興起，成為美國藝術的主流風格，這個名辭結合了「抽象藝術」（Abstract Art）和「表現主義」（Expressionism）的涵義概念，以非幾何、非具象的有機造型表達潛意識不可預計的心理狀態（將心靈自我作分解抽離的一種表現效果）。因此潑、灑、滴、流等行動表現過程即成為抽象表現主義畫家最主要繪畫觀念技法。在中國繪畫來說，前述理性系統的抽象藝術風格與中國文化傳統之精神內涵相差甚鉅，而抽象表現主義有

---

8 請參閱：黃才郎主編，《西洋美術辭典》（台北：雄獅圖書公司，1992年版），頁20、434。

9 有關上述西方現代藝術之抽象觀念與表現主義，請參閱：H. W. Janson著，曾堉翻譯，《西洋藝術史4現代藝術》（台北：幼獅文化公司，1980），頁77、98、103、108。

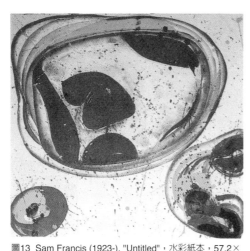

圖13 Sam Francis (1923-), "Untitled",水彩紙本,57.2×
61.6 cm,1964,美國私人收藏。
濕淋的顏料,滴灑的作畫方式,都是六〇年代間流行
於歐美的抽象繪畫風格。

圖14 Robert Motherwell, "Elegy to the Spanish Republic, 108",油彩畫布,208×351 cm,
1965-1967,紐約現代美術館。
美國抽象表現主義的繪畫風格,具有東方感性與中國書法的影響元素。

機造型變化的形式表現風格,與中國筆墨渲染的繪畫效果比較具有銜接轉
化的可能。(圖13、14)

　　因此張大千受所謂西方「抽象」繪畫風格之影響,主要是在美國「抽
象表現主義」畫風之部分,並不涉及西方理性系統之抽象藝術表現。因此
本文論述影響張大千的西方抽象畫風,係意指美國「抽象表現主義」,以
下姑且以中文之「抽象」概念分析說明之。是以由精神內涵方面來說,西
方抽象畫派的藝術創作觀念是企圖開發潛意識未可知的心理領域,以呈現
一種新的宇宙觀或心靈意象。所以畫面常出現實驗性、偶然性強的表現效
果,往往藝術家本人也不能確定其所呈現的思想意涵。因此相對於具象世
界的表現風格,畫面上所呈現的不確定性與未可知性,以及極力嘗試的各
種特殊視覺效果,則是這一類西方抽象畫風最大的表現特徵。

四、潑墨潑彩畫風與中國山水藝術精神的銜接

　　以上說明了西方抽象繪畫的理念思維,本節則進一步說明張大千的藝
術創作內涵與西方抽象畫之精神理念其最大的歧異何在。兩者間最大的不
同是:張大千的潑墨風格仍是以中國山水藝術精神的本位為主,畫面上的
形象雖然幾近抽象,但其目的仍是在表現具象世界的自然景象,例如山
嵐、水氣、雲霧、煙雨之變化。換句話說,中國藝術精神是表達人與自然
的親和關係,徜徉於那可望、可遊、可居的山林景象中,而並沒有西方抽
象藝術的表現觀念與文化背景;只有那介於似與不似之間的藝術境界,不
脫離真實,也不拘泥於具象。西方的抽象畫與張大千所發展的潑墨潑彩畫
風之所以會產生密切相關的連繫因素是:大自然中的山嵐雲霧與雲水飛動
的景象變幻,往往也都確實符合那如真似幻的抽象造型效果。

　　舉例而言,張大千一九六九年所繪的《煙雲曉靄》(圖15)畫面色彩
深邃濃艷,將山間晨霧奇幻瑰麗的迷離效果,做了非常真實動人的呈現。

圖15 張大千，《煙雲曉靄》，水墨設色絹本，54×75 cm，1969，台北私人收藏。
這種新穎的潑彩技法，可說是將中國傳統工筆青綠山水，做了徹底解放的現
代寫意發展。

然而畫面上暈濕流動的自動表現技法，充滿了前衛創新的現代感，同時畫
面的實驗性效果很強，這些特質卻是符合西方抽象表現主義的創作精神。
然而這裡需要特別注意的是，無論張大千新彩墨風格的視覺效果多麼炫目
特殊，卻仍是結合了他深刻的自然觀察與生活體驗，而並非將畫面的視覺
形式做獨立抽象的表現；這是中國藝術精神一貫之表現傳統，而張大千則
是拓展了傳統中國繪畫受技法與觀念限制的表現空間。另外由技法形式來
說，張大千的彩墨技法也與西方抽象畫派的表現風格有很大的分別。

　　在畫面上製造潑灑、肌理、筆觸、質感、幻象等視覺效果，對西方抽
象畫的目的而言，是利用這些新穎技法使觀者產生超越具象世界的心靈感
受與特殊意象；而張大千運用這些抽象自動技法，卻是為了使畫面呈現前
述山嵐雲霧，雲水飛動的具體真實形象。[10] 因此張大千勢必要將這些技法
作進一步地發展，以引導觀者回返具象世界之意境，並符合中國山水藝術
精神的表現要求。是以張大千在開始運用潑彩入畫時並不熟練，時有生澀
疊滯之感。張大千在一九六〇以後始創潑墨畫風之成形，而至一九六三年
方以潑彩入畫。自此他利用彩墨不同質地且溶於水中無法相容的效果，來
渲染、重疊、潑灑、沉漬、流動，營造各種煙雲山勢的自然景象，這必須
經過長時間的實驗摸索，反覆鍛鍊方能逐漸成熟。

　　因此張大千經過了大約五年的功夫，一直到一九六七年以後方自詡
能將石青、石綠的潑彩技法運用自如。[11] 在這段表現技法的發展過程中，
張大千逐漸將古典中國畫學傳統的觀念技法與潑墨潑彩畫風結合；像這
一類的青綠潑彩畫作除了有西方抽象畫風的影響外，其濃郁艷麗之青綠

10 這也就是為什麼張大千後來潑墨潑彩畫風之發展，往往在暈濕流動的抽象效果中會再加
　　上屋宇舟橋、人物點景等具象符號來收拾畫面；使強化山嶽煙嵐之型態，以引導觀者進
　　入其可遊、可居的山水意境。因此這是完全站在中國傳統藝術精神之本位上，感應時
　　代，包容攝取，而非改革國畫之創新立場。
11 《張大千傳》，頁282。

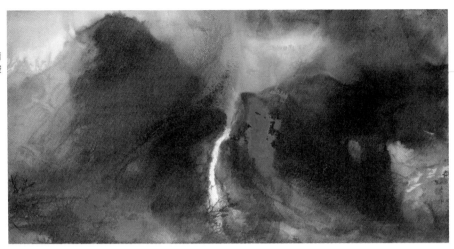

圖16 張大千，《深山飛瀑》，水墨設色紙本，94×183 cm，1968，香港私人收藏。
山林氣象的深邃濃郁，以及色質的青翠妍麗，都建立在傳統中國畫學的深厚底蘊上，非一般畫者所能及。

設色，實來自於敦煌佛教藝術用重色重彩的傳統。這種裝飾性強的表現特質，[12] 是大千將古人畫工筆畫的設色技法作了更進一步的發展；他說，「繪紅色須以白色為底，繪石青須以墨色為底，繪石綠須以硃標為底；色之有底，方顯得凝重，且有舊氣，是為古人之法。」[13] 因此張大千凡潑灑青綠必先潑以墨色打底，反覆疊彩，是以畫面顯得特別深邃濃郁，彩度艷麗。（圖16）

實際上這是源自於中國古典畫學的觀念技法，因此張大千的潑墨潑彩畫風雖然非常具有現代感，但卻是完全遵行中國古法而繪；只是他將精緻工筆的設色技法，改用一種自由奔放的寫意方式來表現。這是活用了西方抽象技法的影響，將傳統中國繪畫的理念技法做了嶄新的轉化。所以張大千的潑彩技法有著明確的表現目的與程序方法，且畫面的風格形式十分成熟精到，彩度色澤亦特別精麗濃艷；而西方抽象表現主義的技法則是著重於實驗性、偶然性強的隨機疊彩效果，往往不可預知其結果，更不強調畫面上的美感目的；因此在形式風格的表現效果上，西方抽象繪畫也與張大千所開創潑墨彩畫風有明顯的差別。

張大千的潑墨潑彩畫風並不是一開始就能達到得心應手的境地，有時因為創作表現方向（包括內涵與形式兩個層面）並不明確，新技法的實驗效果未必都很理想，因此畫面上也會產生墨韻色澤欠佳的混濁現象，這與他後來所發展成熟的潑墨潑彩風格，在畫面上的空間深邃意境以及流暢明快的色質效果都相距甚遠。張大千之所以能發展出中西相融的現代新水墨畫風，乃在於他具有極深厚的中國古典畫學基礎，使他很快便能釐清創作的方向，將來自於西方的影響消化在他自身的文化傳統——中國藝術精神之創作理念下。

由此可知，張大千的彩墨技法即使受到西方抽象畫的影響，最多也只

---

12 有關敦煌佛教藝術的裝飾性特質，請參閱：巴東文，〈集中國古典畫學大成的張大千〉（台北：《藝術家》月刊320期，2002），頁289。

13 劉伯年文，〈大千居士畫語錄〉（香港：《大成雜誌》149期，1986），頁14。

圖17 張大千，《雪山紅樹》，水墨設色紙本，54×75 cm，1969，台北私人收藏。這張畫作的色彩技法與 Hans Hofmann的 "Spring"有些相似，都是用堆疊的表現效果，不過畫家的創作意涵卻是企圖與中國畫史上傳張僧繇（act.500-550）所謂「雪山紅樹」一脈的沒骨山水有所銜接。此作視覺效果雖然新穎特殊，然而意境尚不夠深邃流暢，是仍然在發展中的潑彩畫風。

是剛開始的啟發階段。（比較圖17, 3）因此張大千必須根據他本身創作的內涵目的，來發展出他所需要的特殊技法形式；這使得張大千的潑墨潑彩畫風在外表的技法形式上，也與西方抽象畫風（圖3, 4, 5, 13, 14）有了很大的區隔。

其次，就創作品質及藝術成就之境界深度而言，張大千又超越西方抽象畫家頗多，而非彼等所能企及。這個說法聽來有些本位主觀，但實際上卻有其客觀的依據。其一是西方抽象繪畫始終仍在一不確定的意境中打轉，充滿了實驗的未可知性，而張大千卻建立了一個十分成熟完整的藝術風格形式。其二，在造型美感上的審美鍛鍊與創作能力而言，張大千原本就超越一般畫家太多（無論中西），因此在美感呈現的藝術品質上，大千自然又遠在西方抽象畫家之上。

由於藝術創作的內在目的不同，張大千可以不必像西方抽象畫派一般，受新藝術思想、主義、口號、潛意識等現代藝術觀念的制約，使他可以就視覺美感本身的造境需求，來發展其潑墨潑彩之畫風形式。以致張大千的畫面效果呈現更純粹、明快、艷麗、剔透、深邃以及濃郁的美麗色質，而有一種空間層次之透明感；故可特名之一專有名詞：謂之曰「色彩空間」，且惟張大千所獨有。（圖15, 16）換言之，張大千統合了一整個美感造境、觀念系統、繪畫技法、文化背景，將其潑墨潑彩畫風的形式內涵做了極為成熟完整的發展。因此僅就外在形式的表現技法而言，其成熟度與美感亦非西方抽象繪畫風格所可比擬。是以張大千的潑墨潑彩畫風，可謂開創了中國新水墨畫風的時代典範，也將中國繪畫推向了國際化的發展空間。

五、潑墨彩畫風的實質意義：古典繪畫內涵的現代轉化

張大千較晚階段的潑墨潑彩風格（約七〇年代以後），其發展方向則與傳統中國畫風有了更緊密地結合，使畫面上呈現中國山水畫中更具象的筆墨元素與形象描寫（圖18）。畫家晚年潑寫兼施的二件巨幅畫作《長江

萬里圖》與《廬山圖》，其氣象遼闊，雄偉生動的眞實意象可爲典範。然而張大千在西方生活的這段期間（1965-1975）對其畫風發展實有著極其重要的意義；他消化了來自於西方抽象畫風的影響，開啓了中國現代水墨畫的國際（現代）發展空間。張大千即使在畫面效果最接近西方抽象畫形式的表現時期（圖11, 15, 17），也仍然堅守傳統中國藝術之精神本位，這是他自始至終一直否認他的潑墨潑彩畫風是源自於西方的影響，更不是抽象畫的原因；14 因爲對張大千而言，無論潑墨畫風的內涵或是技法均如前述所分析，是來自於傳統畫學觀念的延續與發展。

　　潑墨潑彩畫風之產生並非單一因素所造成，乃是許多創作因素所共同醞釀的結果。一方面有著前述接觸西方文化的新視野，受到歐美抽象藝術氛圍的啓發（自動繪畫技法Automatic Painting），另一方面又有著中國古典畫學淵源的深遠承傳，這其中至少具有三個繪畫傳統淵源的脈絡：其一是遠承董巨江南山水風格的「雲山畫派」在後世的發展與承傳，15 其二則是敦煌佛教藝術裝飾性特質與影響的進一步發揮，這其中石青石綠的使用最爲明顯，可謂將中國古代用重色重彩的精采發揮到極致。其三則是唐宋高古青綠山水在後世的衍生發展，這個部分筆者以往較少論述，此處稍作說明。

　　中國傳統的青綠山水是一種工緻精細的畫法，因此就某種程度而言，張大千的青綠潑彩山水可說是將古代的青綠工筆山水做了「寫意」的現代發展；而這其中又有兩支脈絡，一支是唐李思訓的「金碧青綠山水」，另

---

14 《張大千傳》，頁277。

15 有關張大千潑墨潑彩畫風與中國古代「雲山畫派」的承傳發展關係，筆者曾多次撰文闡述，此處略不贅述；請參閱：《張大千研究》，頁295-302。

圖18 張大千《秋山圖》，水墨設色紙本，68.5×134.5 cm，1983，台北私人收藏。
傳統中國山水有所謂「秋景山水」一類的主題，居士承衍古人類似之作，描寫光輝夕照景致動人。畫面雖先以潑墨作底，然多以細筆收拾回歸古典傳統之具象風格，與七○年代之墨彩風格頗見差異；可參見圖22、23同一主題系列之《勝蓋丹羅斜照》、《夕陽晚山》。

圖19 張大千，《仿張僧繇峒關蒲雪圖》，水墨設色紙本，116.5×39.5cm，1949，台北私人收藏。畫面中有夕陽光影、雪山紅樹等相關元素，是大千追擬唐宋古人的青綠沒骨山水風格。

圖20 張大千，《秋水雲帆》，水墨設色紙本，26.5×23.5 cm，1951，台北私人收藏。畫家盛年倣唐宋古人的青綠山水風格，用筆工緻細麗，氣韻生動典雅。此作不用墨筆而以「沒骨設色」為表現，色澤顯得特別妍麗秀潤。

一支則是梁朝張僧繇（act. 500-550）「沒骨青綠山水」，[16] 前者使工緻精麗的設色山水（圖20）做了更徹底解放的青綠色彩發揮；（圖15）後者則發展出表現夕陽光影的「秋山夕照」（圖18, 22, 23）或「雪山紅樹」（圖17, 19）等天候較晴朗高曠的山水風格。這一類作品與前述表現水氣迷濛的「雲山」風格（圖8, 21），在意象氛圍與景觀色澤上都有很大的不同；假如僅看到潑墨潑彩畫風之外在表現形式，而不細究其中內涵意境的實質差異，那就仍是從二十世紀以降之當代藝術風潮，以強調「形式主義」的觀點來看張大千的新繪畫風格。如此，則難以進入中國藝術精神之真實意境。

所有偉大的藝術創作，皆發自於藝術家真實的生命與生活，假如藝術不是建立在這樣的基礎上，是無法引發人類情感的共鳴與感動。張大千繪畫創作一方面均來自於傳統中國畫學的深厚根源，無論主題內涵或筆墨風格皆可謂「無一筆無來歷」，因此乃謂「集古今之大成」者。另一方面，畫家的藝術創作卻是建立在他對自然萬象的真實體驗與觀察，他親身跋山涉水旅遊寰宇，世界上的名山勝景除了非洲以外幾遍遊殆盡，他曾一再強調「畫山水一定要實際，多看名山大川，奇峰峭壁，危巒平坡，煙嵐雲靄，飛瀑奔流，宇宙大觀，千變萬化，不是親眼看過，憑著想像是上不了筆尖的。」[17]

對張大千而言，潑墨潑彩畫風並不是一個「目的」而是一個「手段」；他只是運用這種新的繪畫語言，來表達他對自然景觀與萬物萬象的生動感受，（圖24）這點由其作品本身最能得到相關的印證。（圖7, 8, 15, 16）因此張大千的潑墨彩畫風是建立在真實的生活經驗上，他的「集大成」並不是在形式上的彙集表現而已。相對於中國當代畫家而言，為了建立個人的藝術風格，都逐漸傾向外在的形式包裝；[18] 而現代中國水墨畫受張大千影響的畫家不知凡幾，但均著眼於其潑墨潑彩畫風的外在技法形式，其內涵底蘊幾全略而不存。因此這是當代中國新水墨風格與張大千潑墨潑彩畫風實分屬不同之創作領域，而思路理念亦大相逕庭的主要原因。

綜而言之，張大千青綠墨彩畫風之成形開創有著交織多重的因素，而畫家豐富的人文情感，以及多年鍛鍊累積的功力修養，包括讀書習文、臨摹書畫，與敦煌考古的苦功，彙整了所有中國古典人文傳統的創作資源；進而又邁入西方世界感應時代氛圍，擷取了西方抽象繪畫之表現元素，結合了時代性、生活體驗、宇宙觀等水到渠成地自

---

16 請參閱本書展出作品《仿張僧繇峒關蒲雪圖》一作之圖版說明。

17 高嶺梅編，《張大千畫》（台北：華正書局翻印，1982），頁38。

18 請參閱：巴東文，〈當代藝術發展現象之觀察與解讀——商業包裝與西方價值下的中國符號意象〉，《當前藝術發展之觀察與省思——美學、經濟與博物館學術研討會論文集》（台北：國立歷史博物館，2008），頁11-20。

圖21 張大千，《勝蓋丹羅山曉》，水墨紙本，45×37.5 cm，1965，台北國立歷史博物館。
山雨欲來，烏雲密布，雲水飛動之勢躍然滿紙。畫家以潑墨畫風重新詮釋中國的「煙雲山水」，前無古人，後無來者。

圖22 張大千，《勝蓋丹羅斜照》，水墨設色紙本，45×37.5 cm，1965，台北國立歷史博物館。
此作畫夕陽映照的山光景致，而畫家有一整個系列在描繪相同的主題內涵；可與圖23之《夕陽晚山》參照，恰與「雲山」風格（圖8、21）形成一個對比。

然發展，終於為中國水墨畫的現代發展開拓了一個新的紀元。[19] 因此張大千晚年的青綠潑彩畫風，不但是他個人藝術成就的重要突破，也是其「集大成」藝術發展體系中不可或缺的一塊重要拼圖，更為所謂「集大成」之藝術創作風格立下了最佳的註腳與典範。

結 論

由以上敘述可知，張大千承繼了整個中國畫史的傳統，並開出了時代的大方向，是傳統中國藝術轉化到現代的一位重要關鍵人物。這點猶如畢卡索在西方一樣，一方面承繼西方藝術的古典傳統，另一方面雖然顛覆了西方傳統，但卻是開啟西方現代藝術運動的關鍵人物。因此兩人在藝術上的成就都是極高的，但是有一非常不同的現象卻是：畢卡索在西方藝術界造成革命性的衝擊，影響深遠歷久不衰；而張大千在中國現代水墨藝壇的影響卻十分有限，模仿潑墨潑彩的後起畫家雖然頗多，但皆難以開創新局，而少數門人子弟亦幾及身而止。造成這種特殊的現象，則有其內在不得不然的原因。

西方現代藝術的發展，在表面上看來與傳統面貌差異很大，但實際上仍是根源於西方古典之文化傳統，經過長時間發展而呈現之結果。這就好像西方現代的科技文明，是奠基於文藝復興以來數百年之文化發展背景，

---

19 有關張大千潑墨潑彩畫風之成形發展，請參閱：巴東著，《張大千研究》（台北：國立歷史博物館，1996），頁115-156。

圖23 張大千，《夕陽晚山》，水墨設色紙本，60×108 cm，1980，溫哥華私人收藏。
亦為《秋山圖》一類的主題，畫家以潑墨潑彩的現代風格重新詮釋，營造出氛圍動人的夕照光暈。

因此這是一種垂直方向的文化發展型態，雖然也有其歧亂掙扎的過程，但發展軌跡終究較為自然順暢。然而近代中國文化卻是在迎頭趕上西方的壓力下，想要將西方經過長期發展的結果，壓縮在短時間內做快速橫向的平面移植。這種橫向移植的文化發展型態，由於中西雙方的哲學觀、宇宙觀、思想價值、社會制度、政治結構、風俗習慣等各種條件背景皆與西方格格不入的情況下，則勢必造成混亂的文化現象而陷入困窘失敗的處境；中國從清末以來百餘年來的國勢發展，可說是為此吃盡了苦頭。[20]

同樣地在藝術上也是一樣，張大千的藝術發展過程是奠基於他深厚的傳統畫學基礎，經過長時間的醞釀而逐漸地消化了西方的影響，創立了潑墨潑彩的現代風格；這仍是一種垂直方向的文化（藝術）發展型態，因此其中並無橫向移植的矛盾現象。然而急於融合中西或進入現代藝術領域的藝術家，一方面對傳統的文化內涵只著眼於形式表面，而缺乏深入的認知。另一方面現代人講求廣度與時效的文化取向，也不可能對傳統畫學耗時地深下工夫；換言之，也就無法循次漸進地作垂直性之學習發展。因此新生代的藝術家對張大千潑墨潑彩畫風的底蘊內涵沒有興趣，也難以深入地體察，只能斷章取義地擷取張大千表面層次的潑墨技法。

然而炫目瑰麗的外在技法若沒有內涵根底，則很容易造成徒具空洞形式的技法操弄，因此潑墨畫風對世人的影響只能停留在外在的皮相層面，這是張大千難以在現代中國水墨畫壇產生影響力量的真正原因。此外，中國自元明清以降，文人書畫風格主導了中國繪畫的發展，職業畫家精筆設色的描寫風格日益衰頹；時至今日，學藝界仍多以文人書畫的審美觀來評鑑畫家之高下，而張大千的藝術風格卻頗多來自於職業畫家的表現特質。

---

20 請參閱：巴東文，〈中國繪畫在當代轉化與發展的困境〉，《中華文化百年論文集Ⅰ》（台北：國立歷史博物館，1999），頁200-235。

圖24 張大千，《潑彩雨荷》，水墨設色紙本，68×135 cm，1982，台北私人收藏。
畫面中潑寫兼施，墨彩相融，將荷花在雨中舒展綻放的清涼意態營造得極盡動人。換言之，新的彩墨技法仍是發自於畫家觀察萬象自然之表現成果。

這些用筆精緻、色彩妍麗、描寫繁複的畫風，以文人畫的審美觀點來看總覺得過於刻畫，又不夠清逸絕塵，往往貶之謂「習氣」，不少批評動輒以這樣的成見觀念視之。

再加上張大千的藝術家形象又與文人畫家講求清高孤傲的意境大不相同，他是一種多彩多姿、光環圍繞的藝術家形象；這又更與世人所常認知的中西藝術家典範——如八大（1626-1705）、徐渭（1521-1593）、梵谷（Vincent Van Gogh, 1853-1890）等人坎坷悲劇一生的形象際遇相差太多。因此凡略矜於超然立場的藝術家或學者們，皆難免對張大千頗有距離而持保留的態度；這些都造成世人對張大千藝術成就認知的困難。換言之，要體認一個藝術大師的高度也必須付出辛苦學習的代價，並非一蹴可幾。民國以來近代中國知名畫家無數，但能達到所謂「大師」級的高度，則是難之又難，豈能盡如近代論藝術研究者動輒有無數「大師」？通常在一個時代中有一、二位大師產生已屬不易；何況近代中國在文化發展上的弱勢，並不利於大師級人物的產生。

所謂「大師」級的藝術家，必須在其藝術創作中蘊含兩個重要的條件：其一是**歷史的縱深**，其二是**深厚的文化底蘊**。也就是說要有「承先啟後，繼往開來」的本領，並不是如現代藝術所著重的僅是一個風格面相的創立而已。張大千運用了西方抽象的繪畫語言發展了一套他獨創的繪畫系統，豎立一種新穎成熟的藝術風格與典範。這除了是代表中西文化交流的一項重要成果外，或許也給予西方藝術另一項重要的啟示，那就是：**回歸視覺藝術的創作立場**。現代藝術家由於長期沉浸於思想、主義、口號、潛意識等新藝術觀念的影響，而逐漸脫離了發自於生命生活的感動與反映，也失去了視覺藝術的創作深度，無法就視覺美感本身的要求來發展其藝術形式；這種情況直至二十世紀中葉以迄二十一世紀的今日皆然，往往造成許多實驗性強卻並不成熟的繪畫風格。

張大千晚年的潑墨潑彩風格雖然有經過實驗新技法的過程，但他清楚秉持其技法發展的創作目的與方向，一方面與古典中國畫學傳統做了高度的銜接與轉化，並結合了他對自然萬象的深刻體察；另一方面他回歸了視覺藝術的創作立場，使潑墨潑彩畫風在造型美感方面的成就，也達到了非一般可及的高度與境界。西方實驗摸索的現代藝術理念雖然有其開拓新視野的內涵目的，但天馬行空不著邊際地發揮，或是顛覆傳統的西方藝術潮流，都不是張大千所追求的目的與意義。他的「現代創新」是銜接創作者本身的文化背景與傳統，並從中建立其成熟完整的藝術創作系統；他不但未曾摒棄過傳統中國藝術精神，實際上更拓展了傳統中國繪畫在現代的表現空間。或許，這正值得當代的藝術家對此作進一步的觀察與省思。

　　　　　　　　　　　　　　　二〇〇九年二月初春定稿於台北南海學園

與古人對畫　畫中有話
——大千寄古

王耀庭
前國立故宮博物院書畫處處長

仿古談起

　　中國是個「好古」的國家，元代的趙孟頫（1254-1322）自謂：「作畫貴有古意，若無古意，雖工無益。……吾作畫似乎簡單，然識者知其近古，故以為佳。」[1] 在學習的過程中，取資於往古先賢，「古意」往往被視為能出「新意」。它不是抄襲，反而是一種重新的解釋，也可以視為與古人的交流。這在古畫不乏先例。陳淳（1483-1544）《仿米氏雲山圖》自題：「得窺米家堂奧否？」[2] 這和他的師祖前輩沈周（1427-1509）《寫意圖冊》（台北故宮藏）上寫到：「老米呼不出，雲山千里意。我生百世後，墨瀋見秋容。」[3] 一樣的是借世間公認的技法：「米點皴」，用來體驗前代已被公認的畫法，乃至可以說，這是用已經是一種大家熟識的共同符號語言，來與古今知音者相溝通。

　　「臨、摹、仿」三種固然可以分辨，但用詞上也往往混為一體。「傳移摹寫」是初始學畫和複製的重要手段。初學者必須先了解工具的運用及古畫（或師門）的技巧。因此，無論完全地複製「摹」畫，以原本置於旁，或祇像其筆意與墨彩大意作之的「臨畫」，這種足以亂真的狀況，源源不絕地產生。「仿古」一詞從今天「創作唯新」的觀念來說，實在是負面性的，是「了無創意」的代名詞，然而，對於明末清初，卻是振衰起蔽的良方。

　　「仿古風」在元代開始，從亦步亦趨地再現原畫的技巧，轉而為原畫精神的再現。也就是「古意」與「新意」的融合。明朝晚期，「仿古」的繪畫理論到了董其昌（1555-1636）可以說是完成了具體的架構。早年董氏普遍地學習各家，加以閱歷豐富，歸結出：「畫平原師趙大年（活動於1070-1100），重江疊嶂師江貫道（活動十二世紀初），皴法用董源（十世紀初）披麻皴及《瀟湘圖》點子皴，樹用北苑、子昂二家法，石用大李將

---

1 （明）張丑，《清河書畫舫》（文淵閣四庫全書本），卷十下，頁24。
2 圖版見蔡宜璇主編，《悅目》圖版篇，（台北：石頭，2001），頁72-74。
3 圖版見王耀庭主編，《故宮書畫圖錄》（二十一），（台北：故宮，2003），頁208。

軍（653-718）《秋江待渡》及郭忠恕（活動於十世紀）雪景，李成（916-967）畫有小幅水墨及著名青綠，俱宜宗之。集其大成，自出機軸，再四五年，文徵明（1470-1559）、沈周（1427-1509）二君，不能獨步吾吳矣！」[4]董其昌試圖用來超越前輩的信念，妙方是集各家優點而大成的方法。董氏《溪迴路轉圖軸》[5]畫湖山一角，遠景的高山，正是用董源的「披麻皴法」，展現的山脈開合，也是宋人大山堂堂的氣勢，但就實際的筆墨情調，更接近元代黃公望（1269-1354）的《富春山居圖》，這正是綜合宋、元畫風，所謂「以元人筆墨；運宋人丘壑。」的典範。這裡更從元人的筆墨，開創了水墨「蒙養」的興味，爲抽象式的山水空間建立新解釋。另一幅董其昌《王維詩意圖》[6]，一河兩岸，近岸松樹的矯健靈動，遠山巖石，注重的是結組，而不是量感，山水傳達的明淨無塵境界，遠遠勝於見山是山，見樹是樹的現實世界。從本幅的畫法來追尋，固然也可以說，構景出於元代倪瓚（1301-1374），樹也如元人學「李郭派」，但與元人實際作品比較，閉目遠想，若合符節，近觀審視卻是兩樣。這種董其昌個人所建立的準則，正是明清之際仿古風要求。就「仿古」的觀念，應從這種「正面」的說法爲上品。傳統的承續，被視爲學畫的不二法門，轉益多師是吾師，興起能集大成的嚮往。當然，這裡的「多師」指的是所謂「南宗」一系的傳承。王原祁（1642-1715）《傲元四家山水圖卷》，王原祁自跋，除自謂前人大都是合兩家筆墨，從未有四家同卷，他更強調：「摹擬四家，筆端所發，性靈自我而出。……」[7]可見他的得意與自負。至於他一七一三年學黃公望的《秋山》（故宮藏），就從未見過原本，也自負的題上：「不知當年真虎，筆墨如何？神韻如何？但以余之筆，寫余之意，中間不無悠然以遠，悄然以思，即此爲秋水伊人之句可也。」[8]所求的正是境之相遇，而不是形之相同。清初「家家一峰（黃公望）；人人山樵（王蒙）」，正可作如是觀。回看李流芳（575-1629）《仿元人山水圖冊》，自跋：「爲弄筆作小景六幅，欲仿諸家，仍不出自家本色。」[9]說是「仿」，卻還是自我，說穿了，「借他人杯酒，澆自己胸中壘塊」，代聖立言，不明說出自己就是了。王翬（1632-1717）更是被譽爲「集大成」的人物，《山水圖冊》《仿古十家》[10]，該是更爲典型的仿古總結巨匠。

　　中國書畫的學習，從古代名作入門，是相當普遍的現象。二十世紀初期，中國藝壇也興起改革之爭，「臨、仿」在高標藝術是自我創作的至高理念下，儘管被貶成一無是處，然而「汲古潤今」仍被高舉爲法門津渡，張大千可以說是此道的信服者，也是自我實踐者。

---

4 （明）董其昌，《畫說》《美術叢書》16（板橋：藝文，1975），頁309-310。
5 圖版見蔡宜璇主編，《悅目》圖版篇，（台北：石頭，2001），頁131-132。
6 圖版見蔡宜璇主編，《悅目》圖版篇，（台北：石頭，2001），頁133。
7 圖版見蔡宜璇主編，《悅目》圖版篇，（台北：石頭，2001），頁312-315。
8 圖版見故宮編輯委員會主編．《故宮書畫圖錄》（十），（台北：故宮，1992），頁341。
9 圖版見蔡宜璇主編，《悅目》圖版篇，（台北：石頭，2001），頁117（第十二幅）。
10 圖版見蔡宜璇主編，《悅目》圖版篇，（台北：石頭，2001），頁254。

今天是可從多元的宏觀角度來評論。當代資深的中國藝術史學者蘇利文教授對「臨、仿」有了新一番的解釋：「作畫的活動，就像一個鋼琴演奏家，演奏名曲一樣，我們所欣賞的是他演奏的素質，以及他對（原作的）構圖，怎樣對原作深刻而微妙的演繹，而不在於構圖本身是否新奇。」[11]

食古而化

張大千（1899-1983）一生對其部分收藏，曾有兩次著錄行世，一是民國癸未（1943）之《大風堂書畫錄》；一是一九五四年於日本東京出版《大風堂名跡》。《大風堂名跡》之序言，以自信的口吻寫道：「余幼飫庭訓；冠侍通人。刻意丹青；窮源篆籀。臨川衡陽二師所傳，石濤漸江諸賢之作，上窺董巨，旁涉倪黃，莫不心摹手追……其後瞻摩畫壁，西陟敦煌……一解紙墨，便別宋元，間撫籤瞫，即區真贗……世推吾畫為五百年之所無，抑知吾之精鑑，足使墨林（1525-1590）推誠，清標（1620-1691）卻步，儀周（1683-1744）斂手，虛齋（1864-1949）降心，五百年間，又豈有第二人哉？」[12] 這序文，簡略地說到，他個人涉獵的古代名家，宋元以來無所不包，更有古人所未及的魏唐敦煌。此書其後於一九七八年再版於台北，大千重序此書，又明言收藏的目的是：「把彼菁華，助我丹青。」[13] 他也清楚地表達，以一己的力量網羅前代名跡，作的是為己所用，大千自己是此中豪傑。

歷史的累積愈來愈深厚，後來者欲居上，大千的學習是追尋走過歷代畫家的步伐，來壯大自己，雄心壯志是以「集大成」的理想為志業。畫史上，王翬也曾被譽為是「集大成」，但他一生僅致力於山水一門，大千一生，從畫歷上追尋，早年在家鄉，從其母姐及親友致贈的《芥子園畫傳》入門，此後到上海，拜師曾熙（1861-1930）、李瑞清（1867-1920），學有李瑞清的古拙一類的人物花木，又學海上派（1840-1895）任伯年；揚州八怪的金農（187-173）、華喦（1682-175）；晚明清初的四僧、晚明的陳洪綬（1598-1652）、張大風（?-1662），再是仇英（1494-1552）、唐寅（1470-1523），浙派的吳偉（1459-1508）、張路（約1490-1563）等；再上溯元代錢選（約1235-1307）、趙孟頫、盛懋（活動於1310-1360之間）、元四家，宋李公麟、宋徽宗、五代巨然（活動於十世紀）、董源（活動於十世紀）等等不勝枚舉的唐宋諸大家，乃至前人所未至的敦煌六朝唐宋壁畫。這的確是曠古所未曾有。檢視書畫史上，既是一流的名家，又富有收藏，這個課題，似乎未見深究，想來此中人物，屈指可數。唐代已遠，文獻不足徵，有宋之徽宗（1082-1135），以帝王之力，該是天下第一。往

---

11 譯文引用吳甲豐，臨摹、譯解、演奏—略論「傳移摹寫的衍變」，《中國文化》，第二期，頁40。原文請見Michael Sullivan, *The Meeting of Eastern and Western Art* (Berkeley: University of California Press, 1989), p. 278。

12 見張大千，《大風堂名跡》，（東京：便利堂，1954）。

13 見張大千，《大風堂名跡》，（台北：聯經，1978）。

圖1-1 張大千約在一九二六─　圖1-2 任伯年　　圖2-1 張大千一九三六年　　圖2-2 清華嵒《八百遐齡圖》　　圖3 張大千一九二○至
　　　二九年畫仿任伯年《柴　　　《松陰高士》　　　《仿新羅春禽出谷圖》　　　　　　　　　　　　　　　　　三○之間所畫《二
　　　桑臨流》　　　叟賞梅圖》

後，元之趙孟頫、明之董其昌（1555-1636），該是個中翹楚，民國以來，
當以張大千爲第一。

　　張大千《畫說》：「在我個人的意思，要畫畫首先要從勾摹古人名跡
入手，把線條練習好了，寫字也一樣，要先練習雙勾，跟著便學習寫
生。」[14] 又同書：「習畫應該先選一家，……打定根基；漸次參考各家，
以擴境界；……最後要化古人爲我有，創造自我獨立之風格。」[15] 就此他
個人的實踐眞是如此。這樣的觀念，張大千在他一生，尤其是前半段的畫
歷中表現在他的作品及題跋裡。茲就所見，舉例爲證。

　　大千早年於上海，學畫中對任頤（伯年）有所取資。約在一九二六至
二九年畫仿任伯年的《柴桑臨流》（圖1-1）其原稿即出於任伯年《松陰高
士》（圖1-2）[16] 兩畫相對，大千臨仿，可以說循規蹈矩。一九三六年《仿
新羅春禽出谷圖》（圖2-1），款：「乙丑夏日寫於厚生堂。新羅山人。
（書法仿原作款）舊藏新羅山人《春禽出谷圖》爲粵友攜去，丙子夏日偶
憶，背擬之，大千居士並記。」將之與華嵒（1682-1756）的《八百遐齡
圖》（圖2-2）比較，背擬畫出的石頭已是顯現石濤（1642-約1707）的筆
（皴）法，柏樹的墨葉點，也比《八百家遐齡圖》濃重。展現了大千所說
畫面要「亮」來引人注目的本色。「揣摩前人，要能脫胎換骨，不可因襲
盜竊。」[17] 正可以本幅仿作中有自己詮釋的印證。

　　如從海上畫派任氏一系受陳洪綬的影響追尋。張大千及其二兄善孖

14 張大千，《畫說》，（香港：東方藝術公司，1967），頁6。
15 張大千題石濤《翠跤峰觀泉圖》，見《古萃今承─虛白齋藏中國書畫選》說：「習畫應先
　　審選一家，作爲楷模，從勾勒名跡入手，打定基礎；漸次參考各家，以擴境界。」
16 此畫177×47公分。藏徐悲鴻記念館中國美術館（北京）圖版見《任伯年》，（北京：人
　　民美術，1993）。
17 張大千《畫說》，（香港：東方藝術公司，1967），頁7。

圖4-1 張大千《摹畢宏霧鎖崇關》

圖4-2 美國大都會博物館藏陳洪綬做於一六三三年《高士圖》

圖5-1 張大千一九五三年《儗宋人沈子蕃緙絲》

圖5-2 南京博物院所藏陳洪綬《林下停琴圖》

（1882-1940），也相當致力於陳洪綬畫風。一九二〇至三〇之間所畫《二叟賞梅圖》（圖3），人物的造形應是從任伯年與陳洪綬畫風交融得稿。畫成時即題：「此畫當非任渭長（1823-1857）筆所能夢見。世無賞音，且以予為妄人矣，擲筆三嘆。婉君（1917-?）保之。爰記。」庚辰再題，「老蓮畫出閻立本歷代帝王像，上溯六朝，未落宋元人一筆。近見曹望禧造像，益知其源（所；點去）流所自也。」本幅第一題有此自負的口吻，顯然是上溯陳老蓮蓬（洪綬）的風格，所以說是任渭長、任伯年這一系脈，張大千自認已不爲然，因此可以超越任渭長。曹望禧造像是北魏正光六年（525）正是陳洪綬追隨的六朝古風。

張大千有相當多的臨仿陳洪綬作品。題名《摹畢宏霧鎖崇關》（圖4-1）說唐代之畢宏（活動於742-765），張大千或許別有所據，但它與今藏於美國大都會博物館陳洪綬作於一六三三年的《高士圖》（圖4-2）是同一稿，且兩畫幾無差別，可見大千的亦步亦趨。一九五三年《儗宋人沈子蕃緙絲》（圖5-1）雖云出於沈子蕃緙絲，雖也想其必有所據，但與南京博物院所藏陳洪綬《林下停琴圖》（圖5-2）同一稿。將高士人物造形處理得更優雅，而非陳氏的豐頷敦厚，又將地面石塊捨去，轉爲綠草如茵，更加泥金線區分平地的層次，轉成一派唐人裝飾美。大千一九六三《樹下高士》（圖6-1），也是出自今藏北京故宮陳洪綬畫冊《羅漢圖》（圖6-2）。只是左右相反，張大千的人物處理，往往又把陳氏遺世獨立的古怪，變成更人間味的優雅。

藏於吉林博物館一九四五年作《擬老蓮歸去來圖》（圖7-1），畫之原本陳洪綬《歸去來圖》（圖7-2），今藏於檀香山美術學院，此即「解印」一段。大千自題：「老蓮畫出六朝三唐刻（故；點去）石，故自高新之。從敦煌歸，以赭石勾勒，唐人壁畫初稿法也。惜老蓮不見之。」刻意以「赭石勾勒」，「惜老蓮不見之」這句話，顯然是對於本文後段引葉恭綽（1881-1968）話的回覆，不也有今勝昔的自矜。書法史上有「非恨臣無二

圖6-1 張大千一九六三年　　圖6-2 北京故宮藏陳洪綬雜畫冊《羅漢圖》　　圖7-1 張大千一九四五年吉林博物館　　圖7-2 陳洪綬《歸去來圖》「解印」
　　《樹下高士》　　　　　　　　　　　　　　　　　　　　　　　　　《擬老蓮歸去來圖》　　　　　　藏檀香山美術學院

王法，亦恨二王無臣法。」[18] 之嘆，此即不恨我不見古人，恨古人之不見我也。

　　人物畫的創作過程中，陳洪綬的高古典型，當為未至敦煌前的張大千所欽慕，有了相當數量的臨仿。張大千的工筆勾勒花鳥，常說出於滕昌佑（活動於881之際）、刁光胤（約852-935），諸五代、宋人，我想這是遠取，近譬我想更接近陳洪綬。張大千樹枝樹幹的節瘤交錯，這是陳洪綬所有的，尤其張大千工筆人物畫裡背景的大梧桐樹，樹幹節節疤疤更是來自陳洪綬。

　　應該是受到董其昌筆下每每說「吾家北苑（董源）」的意念，姓張的大千則是兩個「吾家張大風（颿）」、「吾家僧繇」（約六世紀前期）。張大千早年學習的對象，從「吾家張風子」的靈活飄逸發展，再則是唐寅及浙派的名家如吳偉、張路。如一九三六年《松陰高士》（圖8），自題：「以大風大滌兩家筆法寫之。」這雙手後背抬頭賞松的人物造形，就是出自「吾家張風子」。這個人物不時出現，且引為張大千自我的化身，其例見於張大千《高士吟詠圖》（圖9），款題以惲南田及王翬合作《桐陰夜話圖》，而他與□恭的夜話，雖不敢與惲、王相比，卻是以為遣興，但畫中人也是「吾家張風子」的造形。這也可說是往後「大風堂註冊商標」人物的來源。

　　一九三四年《仿石濤松下高士圖》（圖10-1）畫中人執杖信步行於松林之下煙雲之上。人物的神態，布景上實下虛，都取意於石濤的《贈黃硯旅冊》之第二開（圖10-2）。原畫是一小冊頁，「步步隨雲起」的意境，真能與石濤比美。這種單純的「古為今用」，也常見合兩家於一幅。對石濤畫風的掌控，張大千也充滿著自信感。壬申年（1932）張大千《舟中看山圖》（圖11）以石濤字體題詩：「狂名久說張三影，海內譌傳兩石濤。不信麻姑能變幻，卻疑狡獪到吾曹。大千戲拈。」又題：「蟄盧老友視此

18 見《南史》《張融傳》（文淵閣四庫全書本），卷三十二，頁16。

圖8 張大千一九三六　　圖9 張大千《高士吟詠圖》吉林　　圖10-1 張大千一九三四　　圖10-2 石濤《贈黃硯旅冊》之第二開
年《松陰高士》　　　　　博物館藏　　　　　　　　　年《仿石濤松下高士圖》

略似大滌子否？壬申之正月二十七日，試此佳紙，心手俱快，并記。大千
弟爰。」畫中高崖松倒掛是黃山蓮花峰倒掛松，正是石濤常見的畫題，蘆
葦外，孤舟高士回望崖石怪松，濃厚的墨韻與筆法，雖出於石濤，但亮麗
感是反於石濤的渾厚。題詩的自許與作畫心手相應的快感，「話」是請教
受贈者，確是直話直說的比肩「兩石濤」成就感。

　　對八大山人（1626-1705）的臨仿，也是藝壇所常關注。八大山人的
《竹石小鳥圖》（圖12）原畫被割裂，大千補成，加有案語：「近世好事
家，最重小幅，以三尺上下為度，此風彌漫南北，而吳中尤甚。於是古董
掮客一遇大堂幅，往往割裂，冀得善價，其摧殘前人心血，凶忍有甚於劊
子手。此幅近得之香港，惜其斷壁，乃以意補綴數筆，雖未能煥若神明，
頓還舊觀。竊自比於瞽者之有杖，慰情聊勝也。壬辰（1952）春日大千學
人并識於大風堂下。」所補雖只是加勾加點，但筆情墨韻的合作，與八大
山人原作若合符節，將自己與八大山人共於一幅，跋語固然寫得謙虛，言
外之意確是天下只有我一人足以等量齊觀。

　　對於唐寅的學習，尤見之人物畫。一九三七年作私人藏《臨唐寅月下
獨酌圖》（圖13），其第一款效唐寅原本書風，而畫李白形象頗細秀，反而
是岩石之皴法為斧劈，快速落筆，比其唐寅所有的皴法流利感更是銳利揮
霍，由於是熟紙所畫，墨的淋漓盡致也是特徵了。甲申（1944）的《仿唐
寅仕女》（圖14）題：「六如居士本，略參用莫高窟中晚唐供養人衣飾臨
之。」本圖畫頭花、披帛、結帶，尤其是衣裳下襬所加淡朱色方格紋，很
容易體會出鮮明的色彩，這是敦煌歸來的色彩畫法融合，大千本人也相當
得意。藏「僑岷華園」的《仕女》（圖15）自題：「唐子畏有此，藏吾友
謝慈舟家，甲申（1944）十月既望，為人作擘窠書，硯有餘瀋，乘興擬
之。」這一幅作品，雖云白描，但可見運筆飛暢，已非唐寅規範。

　　《大風堂書畫錄》收有仇英五件。《大風堂名跡》也有多幅，其中如

圖11 張大千《舟中看山圖》　　圖12 八大山人《竹石小鳥圖》　　圖13 張大千一九三七年　　圖14 張大千甲申　　圖15 藏「僑岷華園」
　　　　　　　　　　　　　　　　　　　　　　　　　　　　　　　　《臨唐寅月下獨酌圖》　　　（1944）《仿唐　　　　張大千《仕女》
　　寅仕女》

《滄浪漁笛》（圖16-1）是工整細筆水墨畫。大千臨作（圖16-2），款題說仇英此畫學李唐。以淺絳山石紫綠樹木，活躍的細筆，文秀又兼工麗。對仇英的讚賞，又見大千臨仿仇英《良友相知》（圖17），畫上的題語：「十洲畫，人第賞其工筆者，不知其意筆遠過之，予舊收得其八尺堂幅《老嫗乞書圖》，神妙真令劉、李失色，何論戴文進、吳小仙輩。」這也是說出大千對於能細能粗的畫法，均予尊重，其中所指「意筆」，是見到台北故宮收藏仇英的《蕉陰結夏》、《桐陰清話》，這兩軸上的配景巨石所用的寫意筆調。一九四二年《仿宋人竹院品古圖》（圖18-1），實同於今藏上海博物館之明仇英《竹院品古圖》（圖18-2），惟因豎長方，右上角加長了桐陰下童子烹茶。仇英之《竹院品古圖》為鮮麗設色，大千為白描，或許未得及時賦色，惟用筆是高古的鐵線描，還是一份古意。

　　一九六七年畫《定林蕭散圖》（圖19）題：「龍眠居士有定林蕭散圖。蓋為王荊公居金陵定林陵寺所作也。此圖見之著錄，而墨跡不傳，每欲追摹，以目翳為止，近頃目力稍勝，遂想像為此效龍眠人物者，以趙鷗波（子昂）、張叔厚（渥。?-約1356前）為嫡傳，此圖雖不能方駕二公，亦未肯與仇、唐作後塵也。丁未春，爰。」畫中的王安石（荊公），以李公麟（龍眠）貫有的玉箸篆白描為之，流暢不失工整，這是正宗的白描法，必與古人爭勝，自信不輸唐寅、仇英，看出大千的自豪。

　　對於好畫，只要有所助益，無所不臨，一九四四年的《江閣覓句》（圖20-1）題「仿宋人」這個稿本見於台北故宮的《宋人緙絲山水詩意》（圖20-2）。

　　戊子（1948）《李杜連吟圖》（圖21-1）「李杜連吟圖月前於故都見孫位《高逸圖》，運筆如屈鐵，賦色如古鼎彝。真神品也。竊儗其意如此。戊子十一月大風堂作」畫中的蕉葉靈石，來自今日藏上海博物館的孫位《高逸圖》第三圖劉伶一段，李、杜兩人與《高逸圖》無關，應是項聖謨

圖16-1 明仇英《滄浪漁笛》　　圖16-2 張大千臨仇英《滄浪　　圖17 張大千臨明　　圖18-1 張大千一九四二年　　圖18-2 藏上海博物館之
　　　　　　　　　　　　　　　　　　漁笛》　　　　　　　仇英《良友　　　　　《仿宋人竹院品古圖》　　　　明仇英《竹院品
　　　　　　　　　　　　　　　　　　　　　　　　　　　相知》　　　　　　　　　　　　　　　　　　　　　　　古圖》

（1597-1658）與張琦（生卒不詳）合作的《尚友圖》（圖21-2），圖中的李日華（1565-1635）作唐巾裝，魯得之（1585-?）做淵明裝。然而張琦筆下的人物枯寂，張大千卻是賦予豐腴的人生。

「在我個人的意思，要畫畫首先要從勾摹古人名跡入手，……」[19] 將此條與一九四六年《臨大滌子本》（圖22）山水重題「此予三十年前所作，當時極意倣法石濤，惟恐不入，今則惟恐不出，書畫事與年俱異，……」，這是出入古畫的問題。大千表現在古畫臨古的觀念，可再舉一例。一九三三年張大千跋《翠蛟蜂觀泉》：「今人但知清湘恣肆，而不知其謹嚴，但知清湘簡遠，而不知其繁密。學不通經，謂之俗學；書不通篆，謂之俗書；畫不摹古，謂之俗畫。此清湘老人中歲摹古之作，刻意經營，時出新意。倪文正所謂善臨摹者，祇寫自然與反他魂是也。觀其樹石泉源，勾勒皴擦，無一筆自宋人來，……率書鄙見。」[20] 他也以反諷的口氣說「臨古」，跋其門人孫家勤《秋雀圖》：「家勤此作，極得元明人遺意，然並世諸賢，競言創作，則我輩為落伍矣，不亦可笑也夫。」[21]

籠諸家於一室

畫家作「擬古」，不祇張大千一人，時空已換，張大千也是有更便利於古人的條件，他不必用臨古本相自隨，反而是原跡「東西南北長相隨」，取得的印刷影本也能更精確的「傳移」。他有意整套臨古，可舉二例。

19 張大千，《畫說》（香港：東方藝術公司，1967），頁6。
20 張大千，《張大千詩文集》（台北：故宮，1993），卷七，頁13、14。
21 張大千，《張大千詩文集》（台北：故宮，1993），卷七，頁242。

圖19 張大千一九六七年畫
《定林蕭散圖》

圖20-1 張大千一九四四
年《江閣覓句》

圖20-2 台北故宮藏《宋人緙
絲山水詩意》

圖21-1 張大千戊子（1948）《李杜連吟圖》

圖21-2 明項聖謨與張琦
合作《尚友圖》

圖22 張大千一九四六年《臨大滌子本》

　　一九三八年三月間，大千時年四十歲，在北京頤和園昆明湖畔完成了
《十二條臨古山水畫》，這是爲天津范竹齋七十整壽的賀禮。十二條是臨
唐、宋、元代諸家各四條，按年代順序分別是：《臨唐閻立本西嶺春雲
圖》、《臨唐王維江山雪霽圖》、《臨唐楊昇峒關蒲雪圖》、《臨唐李昭道
海岸圖》、《臨宋范寬臨流獨坐圖》、《臨宋米友仁清溪春曉圖》、《臨宋
沈子蕃緙絲山水人物圖》、《臨馬遠依松觀雲圖》、《臨趙承旨西山于隱
圖》、《臨元盛懋蘇長公行吟圖》、《臨元王蒙清浦垂釣圖》、《臨元倪瓚
小山竹樹圖》。大千在十二條之《臨元王蒙清浦煙涔釣圖》中題有「戊寅
三月昆明湖上寫，擬竹齋二兄方家博教，大千張爰。」

　　這十二幅，由於是整套，每幅尺寸一定，畫成長軸型，布局與原畫必
然有所挪移增減。其中，《臨唐閻立本西嶺春雲圖》（圖23-1）並無唐
風。《仿王維江山雪霽》（圖23-2）中的題款表達，「思翁謂右丞畫山
水，多不皴染，但有輪廓，世所傳摹若山樵《劍閣》，筆法大類李中舍，
疑非右丞畫格。」此幅所作，還是有皴法，並沒有所謂唐畫的特徵。《臨
唐楊昇峒關蒲雪圖》（圖23-3）指出：「峒關圖董其昌臨本甚多。」這也
說出張大千在此時已注意到這種色彩意濃厚的「沒骨山水」。本幅與他後

圖23-1
張大千《臨唐閻
立本西嶺春雲圖》

圖23-2
張大千《臨仿王
維江山雪霽》

圖23-3
張大千《臨唐楊
昇峒關蒲雪圖》

圖23-4
張大千《臨唐李昭
道海岸圖》

圖23-5
張大千《臨宋范
寬臨流獨坐圖》

圖23-6
張大千《臨宋沈子
蕃緙絲山水人物圖》

圖23-6-1
台北故宮的《宋緙絲山水》

圖23-7　張大千
《臨馬遠依
松觀雲圖》

圖23-7-1
日本京都金地院南宋無款
《秋景山水》

圖23-8
張大千《臨趙承旨
山水圖》

圖23-8-1
克里夫蘭藝術館藏趙雍《溪山漁隱》

圖23-9
張大千《臨元盛懋
蘇長公行吟圖》

圖23-10
張大千《臨元王
蒙清溪洴釣圖》

來的「沒骨山水」更忠實於董其昌或晚明所有的色彩式「楊昇山水」，這可見於樹幹與點葉，基本的山水樹石勾勒，還是一般的山水畫法，沒有他後來畫此路風格的強烈敷色。《臨唐李昭道海岸圖》（圖23-4）款題：「李思訓畫著色山水用金碧輝映，為一家法，其子昭道變父之法，妙又過之。故時號大李將軍、小李將軍。至五代蜀人李昇工畫著色山水，亦號為小李將軍。宋宗室伯駒（1119-1185）字千里，復倣倣為之，嫵媚無古意，余嘗見《神女圖》、《明皇御苑出遊圖》，皆思訓平生合作也。此倣昭

道筆，其源皆出於隨（隋）展子虔」。約略說了青綠山水的淵源。本幅最突出者是樹木的畫法，保留魏晉時期的葉片攤開畫法，確實與眾不同，近於故宮藏傳李思訓《江帆樓閣》。山脈勾而無皴，塗以大青大綠，輪廓又金加描。的確是一幅唐風山水。

　　《臨宋范寬臨流獨坐圖》（圖23-5）與今台北故宮藏同名范寬之作，並無關聯。《臨宋沈子蕃緙絲山水人物圖》（圖23-6）原件尚見於台北故宮的《宋緙絲山水》（圖23-6-1），裝飾性的緙絲，因紡織線運用，輪廓線有鋸齒狀，本幅相當忠實原作，造形趨於圖案化的幾何形，這是魏晉古畫所常見，設色的中青綠，多不皴染，但有輪廓，反見於此幅。《臨馬遠依松觀雲圖》（圖23-7）畫意與今日藏日本京都金地院南宋無款《秋景山水》（圖23-7-1）頗同，祇是左右相反再加一南宋人常見的侍童。

　　《臨趙承旨山水圖》（圖23-8），紅官服人扁舟湖中優悠遊，常見於趙孟頫、趙雍（1289-約1350），此件近於克里夫蘭藝術館藏趙雍《溪山漁隱》（圖23-8-1）。《臨元盛懋蘇長公行吟圖》（圖23-9）與《臨宋范寬臨流獨坐圖》均將樹木拉高長。置高士於林中，為盛懋長見之題材。《臨元王蒙清溪渟釣圖》（圖23-10）遠山是從王蒙《青卞隱居》得來，就大千之功力，可皴法墨色可說當行出色。

　　這套條屏，可說是對唐風的摹擬最為出色，也可見此時大千已較一般畫家追求古風。

　　一九五〇年秋至次年春有《大千擬六朝唐宋以來為嶺梅作》，此冊籤題之右，大千又題「壬辰（1952）七月裝成題記即日又有南美之行」。此冊曰「摹古」，而非「臨古」。原冊為高嶺梅所做，高氏於一九六七年編《張大千畫（說）》採為說明示範圖。

　　冊之第一開（圖24-1），構景未述明出處，但就筆法論，應是出於王蒙。《畫說》將此本做為淺絳色的範本，張大千在本幅表現了他自己對雲影光映的說法，可從山峰設色赭石墨襯的對比看出。冊之二《雪江歸櫂》（圖24-2）原畫為宋徽宗所作，今歸北京故宮，大千臨本是豎方，原件為橫卷，用的是縮地術，採取原畫最左之樓閣與主山鋒，更強調了雪景的留白，原畫頗為曲蠕的皴法，改為短截直線，呈現更明淨的雪景。《畫說》將此本做為畫雪景的範本。冊之三《畫牛》（圖24-3）一頁，出於敦煌北坡西魏的《畫牛》。自題「當見趙文敏與鮮于伯機書云，在都下見謝雉畫牛，非牛非麟，古不可言此敦煌二百五十窟北魏人壁畫，庶幾近之。」畫說明出處，所用朱紅線勾牛勾樹幹，下方配山林，青綠設色，《畫說》將此本做為動物畫的範本。從臨摹的圖像，可領會到張大千用筆所展現的線條流利感與牛周身騰躍的動感。冊之四《水村圖》（圖24-4）仿趙大年（十二世紀），以青綠設色，並平遠的近景。王翬亦臨有趙大年《水村圖》，布局取徑，路迴樹環的意念該是相通，祇是多加了遠方的高峰。冊之五《山寺圖》（圖24-5）仿巨然。但不更接近於台北故宮藏元陳汝言（1331-1371）《百丈泉圖》（圖24-5-1），只是把主峰由中央移到左一邊，相對地把樓閣加托層次且轉到右下方。主峰的大塊面結體應是從台北故宮巨

圖24-1 冊之一張大千《秋山憶舊》

圖24-2 冊之二張大千《雪江歸櫂》

圖24-3 冊之三張大千《畫牛》

圖24-4 冊之四張大千《水村圖》

圖24-5 冊之五張大千《山寺圖》

圖24-5-1 台北故宮藏元陳汝言《百丈泉圖》

圖24-6 冊之六張大千《仿董源江隄晚景》

圖24-6-1 董源江隄晚景

圖24-7 冊之七張大千《楊妃上馬圖》

然《秋山問道》得來，從樹的造形、筆調更是如巨然《秋山問道圖》，多了小青綠設色，江南山水的鬆秀表達了。大千喜歡溯源，所以說《山寺圖》仿巨然，亦無不可。冊之六《江隄晚景》（圖24-6）仿董源，原畫（圖24-6-1）是張大千一臨再臨的珍寶。自謂「縮臨」，但布局位置一無差池，可見用功之甚。冊之第七開，《楊妃上馬圖》（圖24-7），大千擁有原卷，今藏美國華盛頓佛利爾美術館，仿錢選之原跡（圖23-7-1），大千因全冊採豎方，所仿祇其中楊妃上馬一段。畫上題詩也是原錢選句，所加案語：「今已易米」，蓋已脫手，說明是「背臨」，若與原作對照，關係位置，不差毫釐，想來應留有白描稿本，而今日也可以照相影本對照起稿。冊之八《照殿紅牡丹》、冊之九《碧荷》、冊之十《馬》也多是自我變古。

這兩套摹古，兩相去一十二年，技法見識，後者成畫時已然一代名

圖25 張大千一九四九《仿巨然江雨泊舟圖》

家，畫來精緻無比，已然脫胎換骨悠遊於法度之間。以唐宋元爲模範，令人想起王時敏八十三歲題王翬摹古巨冊時：「石谷於畫道研深入微，凡唐宋元名跡，已悉窮其精蘊，集以大成。」[22]而大千的對象遠遠超過王翬。

上昆侖求河源

一九四九年《仿巨然江雨泊舟圖》（圖25）題：「昔人稱吳仲圭（鎮。1280-1354），王叔明（蒙約1308-1385）得其墨，余此紙以北苑（董源）夏山圖筆法求之，所謂上昆侖求河源也。」《仿巨然江雨泊舟圖》此右下舟上一右彎探水樹，更常見於吳鎮的畫中。「求河源」的理念，就是從源頭追求，這也可以見大千一生畫歷，就是由身近的海上到敦煌六朝的寫照。

山水之一行，當然溯源「董、巨」爲宗。元四家從「董巨」而來，因此張大千學此四家，總不忘「董源、巨然」。丁亥（1947）畫《倣梅花道人漁父圖》（圖26-1）題道：「丁亥三月仿梅花道人《漁父圖》，道人蓋從北苑《瀟湘圖》得筆也。」梅花道人（吳鎮）《漁父圖》（圖26-2）今猶存藏於台北故宮，構景都是一河兩岸，大千將放歌蕩漾的近景高士省略了，遠移到遠水的兩舟垂釣，樹從兩株變成多了好幾棵（九）。對岸曲折交錯增多，吳鎮絹本洋溢著漁鄉水色，變成了一派秋爽晴空的青綠山水。

一九六二年《仿倪高士松林亭子》（圖27-1）題：「故宮《倪高士松林亭子》（圖27-2）與寒齋所藏《秋林野興》，皆全學北苑，與平時運筆不同。《秋林野興》圖亭上著一高士一童子侍立，尤可貴。此儗《松林亭子》。壬寅之秋。大千居士爰。」兩圖相對，位置幾無差別，對於來自董源的強調，可見之於整幅「披麻皴」的畫法更加明顯與活潑動感的筆調。相較於他一九二六年的《仿倪雲林秋林清空》（圖28-1）（這一幅原本也是出自上海博物館藏）標題爲《董其昌題小中見大冊》冊中兩開王翬仿倪瓚「之一」爲主，再加「之二」（圖28-2；28-3）之遠景而成。此畫連題款楷書也效倪瓚體，然畫風謹細是早時期特徵，也無「披麻皴」之靈動。台北故宮博物院藏王新衡捐贈庚寅（1950）《臨南田山水》（圖29-1），畫之原本應出於今歸北京故宮藏惲壽平《山水圖冊》之第一（圖29-2），此畫之「一河兩岸，疏林數樹」何嘗不是倪雲林格局，相較於惲壽平《山水圖冊》，惲冊之拘謹筆法，非大千所步趨，已是靈動的筆調，全畫充滿著一份躍然紙上的氣息，這和一九六二年《仿倪高士松林亭子》是一氣通貫的。這也說出了他對倪瓚的解釋。

一九六三年爲徐伯郊作《山水》（圖30），應是仿王蒙《雅宜山居圖》的又一本，畫中中左方草篷尤是。本畫題款更加發揮自己的意念：「王叔明《青卞隱居圖》，下筆風落雷轉，如顛旭、如醉僧，令人莫可端倪，及

22（清）王時敏《王奉常書畫題跋》，收於《續修四庫全書》1065冊（上海：上海古籍，1955），頁109。

圖26-1 張大千丁亥（1947）畫
《倣梅花道人漁父圖》

圖26-2 故宮藏元吳鎮《漁父圖》

圖27-1 張大千一九六二年
《仿倪高士松林亭子》

圖27-2 故宮藏倪瓚《松林亭子》

圖28-1 張大千一九二六年
《仿倪雲林秋林清空》

圖28-2；28-3 上海博物館藏標題為《董其昌題小
中見大冊》，是冊中兩開王翬仿倪瓚
「之一」「之二」

圖29-1 台北故宮博物院藏王新
衡捐贈張大千《臨南田
山水》

圖29-2 北京故宮藏惲壽
平《山水圖冊》
之第一

作《坦齋圖》，自云老來漸覺筆頭迂，寫畫如同寫隸書。前者蓋古人叔所
謂熟外熟，後者熟外生，伯郊老友五十生日，即以其所遺乾隆內庫紙寫此
為壽。狂草耶，分隸耶，必有以啟予也，識以博笑。癸卯七月大千弟爰，
三巴八德園寄。」對於王蒙的臨習，張大千自少年時見到《青卞隱居圖》
即發出無限禮讚。[23] 此圖一派牛毛細皴，曲屈如篆如隸，王蒙的畫風細皴
密點，不辭其多，蔥蘢茂密，展現一股連綿的書法氣勢，已非王蒙原畫所
有。

23 轉錄於傳申，〈王蒙筆力能扛鼎〉，收於國立歷史博物館編《張大千學術論文集》，（台
北：歷史博物館，1994），頁129。

圖30 張大千一九六三年　　　圖31 張大千一九四六年　　　圖32 張大千一九四六年　　　圖33 張大千一九四九　　　圖34 張大千一九四九年
　　為徐伯郊作《山水》　　　　　《仿北苑山水》　　　　　　《溪山雲屋》　　　　　　　《巨然夏山圖》　　　　　《華陽仙館圖》

　　一九四六年的《仿北苑山水》（圖31）自題「丙戌嘉平月偶得乾隆紙
一番，用北苑法寫此。」畫上好友謝稚柳則道出：「丙戌為大千四十八
歲，新得北苑瀟湘圖卷，故時效其體，此圖兼有黃鶴山樵意，蓋黃鶴與北
苑本一家眷屬也。」從本幅遠山高峰的造形及苔點的運用與墨趣，可知是
兩家聚於一幅。

　　一九四六年的《溪山雲屋》（圖32）題「擬巨然」，又一題：「惲香山
（向。1568-1655）謂：『巨然僧大而不秀。』予意不然，蓋其蒼蒼莽莽，
自得天真，不以軟美為秀耳。若廉州、石谷輩為之，正嫌其骨氣不足。豈
得謂之曰秀耶！大千識。」，「軟美」是負面的說法。大千學巨然，自一
九四九以標為《巨然夏山圖》（圖33）最為典型。「氣勢」上與《秋山問
道》頗為接近，都是以高山大嶺的山體出現，祇是《巨然夏山圖》披麻皴
的筆觸較為短小，山體質感趨於壯碩，這顯然是擺脫「軟美」的畫法。

　　對於董源，大千曾收藏《瀟湘圖》（歸北京故宮）、《溪岸圖》（今歸
美國大都會）、《江隄晚景》（今捐贈台北故宮）。這是他取之左右隨時做
為師學的對象。一九四九年的《華陽仙館圖》（圖34），題：「北苑《華陽
仙館圖》嘗得趙文度臨本，運筆清潤而乏俊秀，北苑一種大而能秀氣，概
良不易學。予得《江隄晚景》、《瀟湘圖》後，大悟筆法，遂作此幅，時
乙丑重九後一日并記。張爰。」本幅之關連於董源者，原出於明末趙左之
臨本，張大千以為乏「俊秀」，遺憾未能得見趙摹本比較。惟此本之布
局，可與台北故宮傳為董源之《夏山欲雨》（圖35）近似，又款題下之遠
山又近於《江隄晚景》之遠山。既自信「大悟筆法」，所指就此畫所見，
該是如《江隄晚景》之長披麻皴的運用；水際的波紋，更是從《江隄晚景》
得來。《江隄晚景》（圖24-6-1）原作是大青大綠，這也是大千畫董源風
格的色彩之所來自。如此青綠的運用，一九四五年題《北苑松泉圖》（圖
36）題「樹暈濃厚山色渾侖，不以險刻取奇，自然高邁，學北苑當於大開
合處著意，一墮巧趣，便非真諦。」「巧趣」應與「大方」相對。這令人

圖35 台北故宮傳為董源　　圖36 張大千一九四五年　　圖37 張大千一九六一年　　圖38 張大千一九三○年代
　　《夏山欲雨》　　　　　　　《北苑松泉圖》　　　　　　《幽壑鳴泉》　　　　　　《松陰話古圖》

想起董其昌：「山不在多，以簡為首。」又說：「古人運大軸，祇三四大
開合，所以成章。」[24] 一九六一年張大千在《幽壑鳴泉》（圖37）圖上有
長題：「歐陽公嘗自稱其《廬山高》今人莫能為，唯李太白能之；《明妃
曲》後篇。即太白亦不能為，唯杜子美能之；至於《明妃曲》前篇，子美
亦不能為之，唯吾能之。此幅宋人有其雄奇，無其溫潤；元人有其氣韻，
無其博大，明清以來毋論矣！聞斯言者，莫不莞爾而笑，愕然而驚，因書
以寄吾二弟目寒。目寒知吾畫最深，定不以阿兄為老悖也。辛丑十月十五
日，爰。三巴八德園。」本幅以高山聳立於眼前，大山堂堂，確是宋人氣
度，整幅又以細斜尖點點出山巒草木，加以青綠鋪陳，靈活的點法及色
彩，白雲飛瀑蔥嶺，生機在望。「此幅宋人有其雄奇，無其溫潤；元人有
其氣韻，無其博大，明清以來毋論矣！」借一代文豪歐陽修的自許做比
擬，直道橫絕宋、元的曠代氣勢，確實前所未見。又令人想起董其昌之讚
美元代趙孟頫的名作《鵲華秋色圖》：「吳興此圖，兼右丞北苑二家畫
法，有唐人之緻去其纖；有北宋之雄去其獷。故師法捨短，亦如書家以肖
似古人為書奴也。」[25] 同樣的口氣，張大千於一九三○年代的《松陰話古
圖》（圖38），畫兩人席地對話於松陰水濱，畫並不繁複，用他也少使用的
馬夏斧劈皴法，簡練的筆調與墨色，相當自負的題款：「取宋人之雄偉，
去其獷悍；取元人之淹潤，去其孱弱。大千自況。」早已如此。

青綠沒骨

　　自從水墨為尚的觀念興起後，中國畫家，尤其是文人畫，引以為護身
符，失去了繪畫本是形與色各佔一半的追求，大千則不然，他勇於追求色

24（明）董其昌，《畫說》，收於《美術叢書》，16冊（板橋：藝文，1975），頁304。
25 董其昌圖版及文字見《故宮書畫圖錄》（十七），頁80（台北：故宮，1998）頁77-79。

彩。謝稚柳有一段回憶敦煌之旅：「準備用來臨摹壁畫的絹布和紙，是從成都帶來的，張幅有限。不能臨摹大型壁畫，所以，只能把一些絹或者布縫起來拼成大幅。但是拼接的技術又不行，縫痕十分明顯，使畫面像切割過一樣。帶去的普通顏料也不行，那些朱紅、靛青、石青、石綠，看起來夠鮮豔，但畫上去，便顯得灰暗。和壁畫的富麗絢爛色調不能比。再有眼見的壁畫上的顏色，其實經過久遠年代，有些已是變了的色調，那麼，原來的顏色該是什麼。為了解決這些問題，張大千特派他的兒子張心智，隨同兩個人，一起千里迢迢趕去西寧。西寧的塔兒寺，是喇嘛教葛魯派的著名寺院，歷史悠久。請來塔兒寺的畫喇嘛，既會畫宗教壁畫，又會研製顏料和縫製畫布。藏族的畫喇嘛縫製畫布，是先縫好，再在上面塗上一層石膏加膠水的混合物，這樣造出來的的畫布，畫上去就和古代的壁畫十分相近。磨製的顏料也與壁畫上的顏料相同，而且還自己燒製起畫稿的木炭條，麵條似的一條條的，使用起來剛柔適度，十分用於畫的。還有，同樣的金粉，經過喇嘛的手處理後，畫在畫布上就十分輝煌。喇嘛們的覆筆重色的繪製本領，也勝過一般畫家。」[26]

如果回頭再看張大千求古色彩的意念。「葉恭綽先生（1881-1968）又很鄭重的對大千先生說，明朝末年，畫人物畫僅僅出了一個陳老蓮。一般認為他的畫很怪，相貌也開得古，算是一個人才。要講他的畫，結構、線條，具有六朝人的意思，但是我們看起來，他僅僅看過六朝人的石刻，也見過六朝人的墨跡，線條也好，相貌也開得很好；但是著色呢？還是明朝人的路子。所以，你（指大千）連陳老蓮都不該學，你應該研究唐、宋、六朝人的畫。」[27]

敦煌之路，除表現於各種臨本及歸來後的風格轉變，最明顯的見之於人物畫的衣飾及設色。如在一九四九年送「彥慈到兄」的《仿唐人仕女》（圖39）即題：「敦煌歸後，其運筆及衣飾並效唐人，非時賢所能夢見也。」但更有創意的是一九三〇年代前後「青綠沒骨」山水畫的追求，又是這種最具體反映。題臨《唐楊昇峒關蒲雪圖》（圖40）：「青綠沒骨出於吾家僧繇，董文敏數臨之，此又臨文敏者，丁亥（1947）二月張大千。左方又題詩一首「華堂一代老宗師，瘦樹枯山淡逾宜。誰信峒關蒲雪起，卻從絢爛出雄奇。」好一句「卻從絢爛出雄奇」。這是對色彩的禮讚。一九六三年《秋山紅樹圖》題：「精鑑華亭莫漫衿，誤將蒲雪許楊昇。老夫自擅傳家筆，如此秋山得未曾。董文敏盛稱楊昇《峒關蒲雪圖》，而吾家僧繇《秋山紅樹》，實為沒骨之祖。此圖約略似之，癸卯（1963）六月既望。蜀郡張大千爰。」[28]這首題詩，說出張大千本人對青綠沒骨的見解是

圖39 張大千一九四九年送「彥慈到兄」的
《仿唐人仕女》

26 謝稚柳（周克文記），〈張大千人物畫論析〉，《名家翰墨叢刊中國近代名家書畫全集》2，（香港：翰墨軒，1994），頁84。

27 劉震慰，〈大千居士再談敦煌〉，收入巴東、黃春秀執行編輯《張大千紀念文集》（台北：國立歷史博物館），頁5。

28 詩見王方宇，〈從張大千看張僧繇〉，收入巴東、黃春秀執行編輯《張大千紀念文集》（台北：國立歷史博物館），頁19。

圖40 張大千《唐楊昇
峒關蒲雪圖》

圖41 張大千一九四九年
《峒關蒲雪圖》

圖42 董其昌《秋山紅樹》

圖44 張大千一九六七年
《秋山夕照》

圖45 張大千一九七九
年《雲山圖》

圖43 敦煌西魏249窟《日想觀》

超越董其昌。一九四九年作，一樣取名《峒關蒲雪圖》（圖41），畫的題款，可以說是大千對青綠沒骨山水畫的總結表白。「此吾家僧繇也，繼其法者，唐有楊昇，宋有王希孟，元無傳焉，明則董玄宰，戲墨之餘，時復為之，然非當行。有清三百年遂成絕響，或稱新羅能之，實鄰自鄶，去古彌遠。余二十年來，心追手寫，冀還舊觀，斯冰而後，直至小生，良用自喜。世之鑑者，毋乃愕然而驚，菀爾而笑耶。己丑閏七月廿七日爰。」得意之色溢於言中，更巧妙的因與張僧繇同姓，引用唐代李陽冰（721-722）對秦李斯（?-前208年）的篆書繼承，自詡成就，視董其昌華品不足觀也。

張大千的見聞極廣，見過張僧繇和楊昇的畫作或傳稱的作品，吾人不必置疑，然就今人容易得見的諸作，一是和存世的董其昌《秋山紅樹》（圖42）對比，而更令人想起的是敦煌320窟盛唐《日想觀》山水（圖43），必是大千所熟悉的。董其昌雖云「沒骨山水」，畫來還見樹幹有勾勒圈葉，山有皴法，賦彩猶是清雅，張大千更是濃重，直接施朱敷白，塗青抹綠，已然如壁畫的重厚，已然非「沒骨」一法所侷限。一九六七年的《秋山夕照》（圖44）以抽象的手法表現，畫中朱金碧白，流漾無端，就是這種「畫境」。

大千狂塗

大千晚年的潑墨、潑彩為世所重，甚至是被認為臻至化境曠古未曾有的自我創作。對此，張氏強調來自唐人王洽（四世紀前半）的潑墨法，《雲山圖》（圖45）自題「元章（米芾。1501-1107）衍王洽破墨為落茄，遂開雲山一派，房山（高克恭。1248-1310）、方壺（約1301-1378後）踵之，已成定格。明清六百年來未有越其藩籬，良可嘆惜。予乃創意為此，

圖46 張大千一九七七年《山村煙月》

圖47 張大千一九八二年
《寒山子憩寂圖》

圖48 張大千《大千狂塗十二開》第三開
《減筆人物》

圖49 張大千《大千狂塗十二開》第十開畫
羅漢頭像

雖難遠邁元章，當抗身玄宰。」但也令人想起何處有王洽畫法。一九七七年的《山村煙月》（圖46）上題道：「元人商遜齋（璹）」。「商璹，字台元，左山之姪，司業台符之弟，自號遜齋，安恬不仕，喜畫山水，得破墨法。窠石最佳。」[29] 遺憾未見商璹（十四世紀前期）的破墨法為何，給予大千的影響為又如何，無法以證畫。

　　張大千的大寫意人物，一樣的不可略過。一九八二年畫《寒山子憩寂圖》（圖47）自題：「石子專（恪。約十世紀）梁風子（楷。約十三世紀）得意筆也。八十四叟爰囈語。」畫中寒山子席地坐而頭伏膝，一頭蓬垢散髮，簡捷快速的筆法畫出衣紋。謙虛說夢話是文人自謙語。此畫加一詩塘，謝稚柳（1910-1997）題：「張大千晚歲變格」。大千自信畫出減筆祖師石子專（恪）、梁風子（楷）得意筆也。

　　同樣的例子可回溯他與古人對話的意念。國立歷史博物館藏《大千狂塗》第三開《減筆人物》（圖48），自畫其側面胸像，題：「梁風子未必有此，大千先生狂態大作矣！」對幅題詩：「你誇減筆梁風子，帶掛宮門一酒狂。我是西川石居士，瓦盆盛醋任教嘗。石恪有《三酸圖》，見《山谷詩集》。爰。」石恪五代四川人，其怪誕的風格被比為南宋的梁楷所來自。這首詩就自以同鄉的雙關語，自身就是石恪。這毋寧說他自比就是梁楷所源自的石恪。又在同冊第十開畫一《羅漢》頭像（圖49），自題：「不敢望貫休（石恪），早年梁楷其庶幾乎。呵！」這是置身在石恪與梁楷之間自我調侃，也未嘗不是可從容悠遊石恪、梁楷之間。

　　乙酉（1945）畫《李白行吟圖》（圖50）題：「梁風子減筆《李白行吟圖》，藏日本某伯爵家（今藏東京國立博物館），用筆固自超，殊乏俊意，寫李白像當如賀監，一見便如謫仙人，乃為佳爾。乙酉人日試筆，為此并識。大千張爰。」題識對梁楷此畫，有所貶意，提出畫李白的標準。這幅自作，是否合於自己所述的要求，倒未見說出，張大千的這幅頭戴巾背影回首持杖前行的造形，應是來自他曾經收藏的梁楷畫冊頁《澤畔行吟》（今歸美國顧洛阜）（圖51）的人物屈原。這多少次出現他的畫中，其實也是張大千自我的形像，無非說「我亦謫仙中人。」一九三九年的《秋山獨往》（圖52），姿態也是背影回首手持杖。款題雖云：「做大風大滌兩家為此。」另題「獨往秋山深，回首人境遠。」這又是大千的「自我做古」。

結語：《文會圖》到《碧樹清波》

　　一九四五年畫至一九六一年完成並付雯波夫人收藏的《文會圖》（圖53-1）與一九四八年《周文矩文會圖》屬於同一稿，另又有一九四四年自題「做邱文播筆」《文會圖》，畫中人物位置相同而無婦女，背景為墨竹湖石。何以有「邱文播」、「周文矩」之別？以大千見聞之廣，想自有其根據。

---

29 （元）夏張文彥.《圖繪寶鑑》卷五，（文淵閣四庫全書本），頁2。

圖50 張大千乙酉（1945）《李白行吟圖》

圖51 美國顧洛阜藏梁楷畫冊頁《澤畔行吟》

圖52 張大千一九三九年《秋山獨往》

　　原國泰美術館藏華嵒所作《玉山雅集圖》（圖53-2）款題：「一溪煙，萬竿竹。詩酒間，人如玉。新羅山人嵒寫於小東園之竹深處，時壬子（1732）六月。」詩堂上有黃賓虹（185-1955）跋一則；「壬申（1932）長夏，蜀張善子、張大千、吳俞寄凡（1891-1968）、歙黃賓虹，偕遊上虞白馬湖之長松山房。壽康范先生（1896-1983）出新羅山人此幀見咮，欣賞之餘，為書於端。」則大千於一九三二年見過此圖。

　　「華嵒本」是橫幅，因此雅集人物是主人桌在右，另兩位在湖石之左；「大千本」則因立軸幅，成上下構圖。同樣的在花園之中，「華嵒本」以湖石墨竹為背景，這應是與大千一九四四年自題「倣邱文播筆」本相同。「華本」桌椅為天然之石製，「大千本」已易為壼門式的大案與榻，桌面上更飾以鮮艷的錦緞。「華嵒本」只有男侍童，而「大千本」易以女侍又加上華貴的三位婦女。仕女之打扮又是唐裝，角色與氣質都讓畫的氣息是富泰豐厚人家，這與「華嵒本」雅逸的本質是不同的。就群體人物的結構安排，兩本應是一致的。單個的人物造形，坐姿與服裝衣紋摺疊也是一致，開臉的相法，「大千本」也與「華嵒本」無差，以持扇主人的臉部，五官所呈現的表情，人物應是同一人。啜茗、展卷、回首、男僮（轉成女侍）斟酒、兩人組的對談，無不一一吻合。「大千本」背景，易竹石為椿樹芭蕉松，有謂畫成都借居。

　　「華嵒本」所以稱為《玉山雅集圖》，中國畫如《文會圖》何以「周文矩本」、「邱文播本」的不一致說法，《玉山雅集圖》上經頤淵（?-1938）的題跋，既可解題復可略有說明：「此新羅真跡也，原簽為《竹溪六逸》，但查其衣襟容儀，非隱者風，不似太白之友。余在滬，適於有人處，見費曉樓（1801-1850）《玉山唱和卷》，構圖全相仿，則曉樓必宗新羅無疑。此畫為玉山唱和，亦無疑。玉山主者崑山顧仲英（1310-1369），仲英其人青年好學，元至正戊子（1348）二月十九日之會，為諸集之雅，有《玉山雅集圖》，淮海張渥用李龍眠白描體之所作，楊維楨（1296-1370）為之記。此畫與記中所載諸不全，想新羅之創作也，抑新羅別有本？未及考，壽康世兄得此可美可寶。留玩數日，誌此歸之。十八年五月六日。頤淵識於白馬湖。（鈐印一：經頤淵）這段題跋說明了國畫傳移摹寫過程中的一些變數。「華嵒本」是清秀靈活的水墨淡設色畫，柔性的蘭葉描衣紋；「大千本」是端嚴的筆法，對唐宋人物的高古典雅典範，表現的是大千一貫得自唐人的富麗色彩與氣質，這可在他一樣的人物群畫如《西園雅集圖》等來相互輝映。這種貴氣的「文會」雅集，也應該是隱喻著「大風堂」的生活風華。

　　唐代大詩人王維（701-761）在《書吳道子畫後》詩中說：「出新意於法度之中，寄妙理於豪放之外。」「新意」往往有違舊「法度」，兩者兼得，本來是矛盾的，偏偏中國的書畫藝術卻是在這種不相容中求出生活。《文會圖》三次出現於大千筆下，有其古意，如人物構景來源，不管近為清之華嵒；遠為五代之邱文播、周文矩，再加入宋徽宗時代的黑漆案、坐榻、茶具（見圖右下）、古器物，當年借居的園林，化今為古的家眷，整

圖53-1 張大千雯波夫人收藏
《文會圖》

圖53-2 國泰美術館藏華品《玉山雅集圖》

圖54-2 台北故宮藏王翬冊頁《桃花漁艇》

圖54-1 張大千一九八二年
《碧樹清波》

體的畫中「畫因」（motif），都可一一腹案，這該是「法度」之追尋，但整體的組合，體現的氣息，我想還是說，這是張大千「借古說今」的風格。古人爲學有「六經爲我註腳」，看畫中「無一筆無來歷。」說出了自己爲學爲畫。

轉到晚期脫略形骸，一幅一九八二年的《碧樹清波》（圖54-1），大千自題：「碧樹生雲屋，平剛逆遠峰。清波明鏡淨，閒林自遊溶。此畫頗似鷗波（趙孟頫），與並世諸賢小異也。」不知所指（趙孟頫）爲何畫，但令我想起台北故宮藏王翬的一開小冊頁《桃花漁艇》（圖54-2），款題：「曾見鷗波老人《桃花漁艇圖》，設色全師趙伯駒，偶在房仲書齋背臨，似與神會。」大千的畫，墨骨爲體，賦色青綠朦朧；王翬則重青綠，布局之間，雖橫豎幅不同，小艇流水雲影，意念又是一體出氣，「似與神會」，這該是如前述王原祁「悠然以遠，悄然以思」。難怪大千說出「與並世諸賢小異也！」何其昂然自我。

張大千一再模擬的同鄉前輩蘇東坡（1037-1101）說：「智者創物，能者述焉。」大千的畫歷中「與古人對畫」，借「能者述焉」，述說「畫中有話」，有所發明，意在來自古人，爭勝古人。前引一九六一年張大千《幽壑鳴泉》（圖37）題語，典出宋葉夢得撰《石林詩話》：「前輩詩文，各有平生自得意處，不過數篇，然他人未必能盡知也。毘陵正素處士張子厚善書，余嘗於其家，見歐陽文忠子棐，以烏絲欄絹一軸，求子厚書文忠〈明妃曲〉兩篇、〈廬山高〉一篇，略云：『先公平日未嘗矜大所爲文，一日被酒，語棐曰：『吾〈廬山高〉今人莫能爲，唯李太白能之，〈明妃曲〉後篇，太白不能爲，唯杜子美能之，至於前篇則子美亦不能爲，唯吾能之也。』因欲別錄此三篇也。」[30] 董其昌的得意處是「文（徵明）、沈（周）二君，不能獨步吾吳矣！」這是畫史上第一次出現自我標榜超越古人的說詞，那張大千該是「第二人」，這「第二人」的心目中，自道的「平生自得意處」，卻又視董其昌爲「非當行」，「雖不能方駕二公（趙孟頫、張渥），亦未肯與仇（英）、唐（寅）作後塵也。」

30（元）葉夢得撰《石林詩話》，（文淵閣四庫全書本），頁29-29。

山貌

自然的啓發

The Face of the Mountains –

An Awakening to Nature

1. 贈君璧仿清湘筆法山水四幀
Four Landscapes in the Style of Shih Tao,
Presented to Huang Junbi

紙本　設色　鏡片　每幅31.5 x 56.3cm　1933
台北私人收藏

這套冊頁爲張大千遊南嶽衡山歸後所作。畫面上的筆墨風神雖俱出於石濤（1641-1718），但已能自由發揮，靈活運用。尤其表現山嵐雲霧的濕潤筆墨，運用得當，別具一種生動清新的氣韻，假如畫家沒有對自然親身的觀察與體驗，很難出現這般靈秀的神采。

第一幅

款識：南岳後山黑沙潭雲瀑最勝，而余未能往也。君璧好觀瀑，強余妄擬之，君璧以為可塗脂，則脂可用赭，則赭非我法也。大千並記。畫成拍案叫絕者，東莞黃般若也。

鈐印：大千。

第二幅

款識：此入衡山第一處也。大千。

鈐印：蜀郡張爰、苦瓜滋味。

第三幅

款識：從南天門俯瞰鄜侯書院，五河繚繞，布帆掩映，煙雲變滅，尤不可端倪。不禁大
　　　叫，此一幅好清湘也。

鈐印：大千所作、苦中作樂。

再題：君璧吾兄不將以余為狂妄耶？大千又。

鈐印：張爰、大千居士。

第四幅

款識：竹杖穿雲蠟屐輕，素人扶我趁新晴，上方鐘磬松杉合，絕頂晨昏日月明，中歲漸知
　　　輸道路，十年何處問昇平，高僧識得真形未，破碎河山畫不成。

君璧老長兄屬畫，為圖南岳舊遊四紙請正。癸酉十月，粵東行次，大千居士。

鈐印：張爰印。

2. 黃海舊游圖
A Past Journey to the Coasts of the Yellow Sea

紙本　設色　手卷　9.2 x 551cm　1935
款識：黃海舊游。大千居士題。
　　　精雄書畫醜能掃，信手拈來皆是好。我昔黃山白岳遊，搜盡奇峰
　　　打草稿。乙亥八月十八日，百苼先生來過，出杖頭小卷，令畫黃
　　　山。為倣大滌筆法求正。大千弟張爰。
鈐印：大風堂、有此山水、張爰、西蜀張兒、大千大利、兩到黃山絕頂
　　　人。
卷前有溥心畬題引首，卷後有陳三立、王樹枏、傅增湘題跋，題文、跋
文略。
台北私人收藏

　　《黃海舊游》為張大千繪贈沈百苼之作，沈百苼為張學良早
年駐驛北平時的軍需處處長。此畫以橫卷表現黃山諸景，時而巨
石奇松近乎眼前，時而群山杳杳於煙雲之外，隨著畫卷展閱，而
不斷有驚奇，頗得遊賞之趣。設色清雅，用筆靈動，雖以石濤筆
意，但較具秀潤之氣。

蘭渟蒼翠　大千金題

程雄先生
重睹斯
綿信乎
拈來皆是
好我箇是
山白重遊
枝畫高
峰打青
葉
乙亥八月十八日

黃山雄秀冠東南能歙
山中萬斛巖會作荊公
壽篆好留崔顥著芳
菴訢
千歲蒼官忽化龍誰將
題墨怒哀翁梁亮絕
挾風霜力難倒清涼破
石松
百佛仁兄以大千黃山卷
命題為書西絶圖中破
石松久枯山僧安言余十
五年前題行所致故第
二首及之
丙子九月抄藏園老人
傅增湘記於石齋

曾上清涼普望諸
峰高峰海行西畔
莫訴煙霏絕萬
重猿林高出見
峰末有花四跬無人
遠見諸天簇暮
鐘
商到宏里里化去已
干載歷世母青冬
擅奇惟有化工摩
不得蔡頭擗斧
畫尚承師
乙亥秋日句廬
老人王樹枏時年
八十有五

黃海舊游圖

百幕歲
大千八十
屬題其

黃山奇勝冠
神州怪石頑
松尖罕傳成
就畫師收筆
底留痕還許
臥游不
百幕仁兄
屬題乙亥秋九
月陳三立

題張大千黃海

百幕先生東過
出杖頭小卷
今一函若山為放
大滌筆法...
...
大千張爰

53

3. 蜀山秦樹

Mountains of Sichuan and Forests of Shaanxi

紙本　設色　手卷　33.5 x 1125cm　1939
款識：
（一）青龍寨
　　二八年四月初七日，從寧羌南還過此。目寒指諸峰謂
　　予曰：劍鍔指天，頗似黃山九龍潭上也。予與君璧各
　　作草稿數幅，于此東南行登山，即西秦第一關。
鈐印：蜀客、張爰、三千大千、人間乞食。
（二）西秦第一關
　　鑿山通道，人行絕壁上，便如作郭熙溪山行旅圖中
　　也。
鈐印：大千眼底、不妝巧趣。
（三）七盤關為秦蜀分界處，昔稱嶮巇，今則開鑿公路化險
　　為夷矣。沈佺期詩云：獨遊千里外，高臥七盤西，山
　　月臨窗近，天河入戶低。後人因于此建天河閣。
鈐印：張爰之印。
（四）明月峽
　　嘉陵江最幽勝處，其上為朝天關古之棧道也。
鈐印：張季、大千。
（五）飛僊關
　　當即唐人所稱之漫天嶺也。距廣元三十里，峰極高
　　峻，羅隱、高駢皆有詩言其險狀。
鈐印：有此山川、摩耶室。
（六）劍閣
　　西北望如萬劍斫天，東南望如鐵嶂橫＿，東連莎鼻，
　　西接綿州，凡二百卅一里，故左太沖云緣以劍閣。
鈐印：張爰、大千大利。
（七）如岡如陵。
　　四月初七日是為寒弟四十生日，同在車塵僕僕中，無
　　可為頌。既歸青城，迺成此卷，兼以志一時同遊之
　　樂。己卯午日，兄爰。
鈐印：張大千、大風堂。
後有謝無量、沈尹默、高一涵、溥儒、羅家倫、溥儒再
題、陳含光、陳定山、吳子深、吳浣蕙、張昭芹、于右
任、曾克耑、莊嚴等人題跋，跋文略。
台北私人收藏

此作是大千早年所作記遊圖卷，記繪與好友黃君
璧（1898-1991）、張目寒等人同遊秦關、劍閣等蜀地
名山勝水，將沿途所見之風光於返歸青城山後，依據
當時所記之草稿事後完成，為記一時同遊之樂。因此
在某種意義而言，此圖卷有特別的人文情感；且由於
大千次年即有敦煌之行，邁入另一段生涯歷程，故此
作亦謂總結了張大千早期山水繪畫風格之創作經驗，
呈現其早年生活、思想、情感、治藝之一里程紀念作
品。

此作以傳統之手卷形式表現，用筆秀潤，設色鮮
雅，在構圖上尤見其巧思匠心，景致連緜各具特色，
不見單調重覆之景。筆墨仍多見「明四僧」等人的影
響，點苔樹叢俱見石濤法；坡石造型，山石縫隙間的
苔點、草葉以及樹石輪廓之線條用筆，則可見與漸江
（1610-1663）的關連，又有八大山人的筆墨韻致；而
通卷筆勢行雲流水，從容自在，有一種清新秀麗的人
文氣質，是大千早年畫風的得意之作。

大千居士紀遊圖

目寒先生屬題 李秋君

蜀山秦樹

明月峽

滄明月峽氣候清涼朝天
驛蒸諸毛山形水勢同
低已溪蒙假名龍所藏七
盤蠶陰失年膓四車戴酒
樂正狂說武連疽雨稻淋浪
吳王苦說嘉陵江大水畫
神飛揚即字四海看之康
張侯南歸急難藝按圖
一笑休郎當

目寒老兄在蜀持与大千居遊
游覽劍閣諸勝
大千為圖紀
之因得目寒乙酉歲秀題
此詩戊子春傅游京師
目寒出此卷精裝千巖
萬壑拖長森然雲補書
陽夏謝元量

儼乎張李子勝絕紀游
圖秦樹雲不極雲任真
微茫日深四車險西号
懸岩撲壑孱磴明從雇
相將與興不孤
戊子孟冬十樂

解衣繁礡笑張摹摺疊雲坳
入寸縑鳥道七盤隨葉瑋蜀山
萬壑向人失六朝殘窟孤節訪
二石風流一手魚展卷先着明
月峽眈起清影劉珠簾

目寒賢第屬題並新正之三 高一涵

峨眉明月峽江暖中有文人
自古竟欲向待中尋李白
先漢畫東藏張是峨江百
折走聊需機閉千举劍戟
洞一代道玄思孤舍葉端進化
輿延曲畫值歧山遊秋時披
茜帯見秦離舟妻司出家
山朝一髮中原萬古悲
目寒先生屬遊時辛卯五月
江都陳含光同客臺灣

大千真國士奇逸人中
龍寶戊秦山李秋形
司道通舟李誠緒世冀
正葉元宗濱海經游蒙
應生目賢紅雲山

目寒社先屬

秦關敘简鑿蓉尼百
對於令高我塲告歌
裗山孚居日一舟如葡
下模瞿塘
老去張舞筆墨新中
原不見藕時春一般故
國滄洲思滿目青山
畫裡人

目寒詞長教正 石深吳澐

4. 黃山記游冊
Record of a Visit to Huangshan

紙本　水墨設色　冊頁　每開29×37 cm　1945
張大千題扉頁：黃山記游。乙酉上元。大千居士，爰。
鈐印：兩到黃山絕頂人、張爰私印。三千大千。
台北私人收藏

　　黃山所獨有的險峻雄奇特質，是中國其他名山所難以比擬的，因此黃山向爲中國藝術家創作靈感的泉源與常見的題材。張大千除了受到業師李瑞清（1867-1920）的影響之外，也由於他早期山水風格師法石濤、弘仁（1610-1664）、梅清（1624-1697）等黃山畫派畫家，因此曾三上黃山，觀察煙雲幻變之妙，從眞實雄偉的山水中體驗，窮究自然的奇詭譎變，並留下許多精采畫作。

　　這套《黃山記游》描繪十二種不同的景致，各開冊構圖變化各異，除了黃山奇景豐富之外，也與畫家豐沛的創造力有關；此外，各開冊的風格選取也不盡相同，有石濤、梅清等風格，但更多的是張大千自己的面貌，此時的他充滿展現各種嘗試的企圖心。

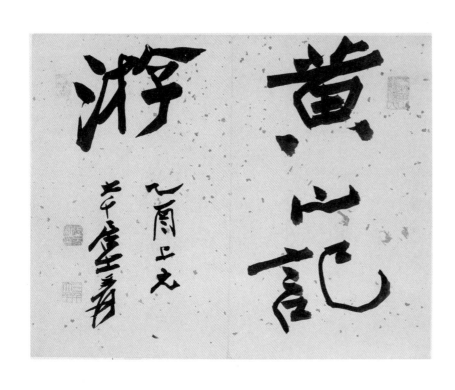

第一開

款識：求放心疑騎日月，得閒身已到蓬萊，朝元杖侶若可觀，手折芙蓉歸去
　　　來。文殊院。

鈐印：張爰。

第二開

款識：硃砂泉。誰將活火此中然，爭道軒皇浴後仙，我恐塵根都滌盡，看花未
　　　了世間緣。

鈐印：有此山川。

第三開

款識：遙天突兀聳雙峰，雲氣衝門午不鎔，可惜少陵看未得，并刀祇解剪吳
　　　淞。雲門一名剪刀峰，百里外即望見之。

鈐印：三千大千。

第四開

款識：慈光寺為黃山第一道場，明慈聖太后頒內帑以建者。

鈐印：大風堂。

第五開

款識：文筆生花。近人遊黃山者，多謂已枯萎，不復知其所，予按山誌：從始
　　　信峰慧明橋道中得之，在絕壁下，一峰特起，蓋絕巇無人往探之，遂傳
　　　化去耳。

鈐印：大風堂。

第六開

款識：破石如龍氣未降，摩娑鱗甲尚森張，高人遊戲題詩句，又被山僧說短
　　　長。清涼臺破石松，二十年前吾蜀傅沅叔丈嘗題詩其上，厥後松枯，山
　　　僧無知，致疑以鑷水作書，促松壽命，一何可笑也。

鈐印：張大千、蜀客。

第七開

款識：百劫歸來氣未輸，又從黃澥夢天都，鼠肝蟲臂人間世，收拾餘生入畫
圖。天都峰。

鈐印：西川張八。

第八開

款識：光明頂。

鈐印：大千大利。

y
62

第九開

款識：江靜潮平豈偶然，一山才過一山連。釣臺近處行當緩，何用風牽上瀨
　　　船。嚴陵瀨有有風七里，無風七十里之謠。

鈐印：大風堂。

第十開

款識：十里危灘五里灣，撩人四面列煙鬟，引舟漫怪長年懶，卻得摧篷看好
　　　山。新安江。

鈐印：大千。

第十一開

款識：晚過桐廬不泊船，鸞鷟門下夜如年，思量無計謀佳釀，辜負來朝縮
　　　項鯿。鸞鷟門。

鈐印：張爰私印、蜀客。

第十二開

款識：磴絕雲深不可行，短橋失喜得支撐，攀松縮手防龍攫，據石昂頭與虎
　　　爭。肖物能工天亦拙，散花偏著佛多情，題詩好付魑魅讀，澹月空濛有
　　　嘯聲。始信峰孤峭懸絕，特立海心，下瞰石筍矼散花塢，肖物賦形，奇
　　　詭不可名狀。乙酉上元。追憶昔遊漫設十二幅。張大千爰。

鈐印：張爰、雨到黃山絕頂人、摩耶室。

64

5. 黃山倒掛松

Downward-growing Pine Tree on
Huangshan

紙本　水墨　鏡片　20.9×6.1 cm
款識：黃山蓮花峰倒掛松。爰。
國立歷史博物館收藏

　　「倒掛松」是黃山蓮花峰著名的奇景。構圖上，向下垂掛的
松枝貫穿畫面，與垂直的山壁平行，此原容易造成視覺上的枯燥
感，但畫家以極爲簡淡的乾濕數筆暗示山巖，而以較濃的墨色仔
細描繪松針，不僅使畫面左右兩方產生了主次輕重的差異，也凸
顯了畫題焦點。此外，松枝的曲折變化、松針爽淨俐落，都頗能
表現松樹質感。

黄山莲花峰倒掛松 壽

6. 秋山圖
Autumn Mountains

紙本　設色　鏡片　21×6.1 cm
款識：秋山圖、爰翁。
國立歷史博物館收藏

　　這是一幅描繪秋季景色的沒骨小品。畫中不用墨筆勾勒，僅
以色彩爲之，但仍處處可見筆法。山頭以赭石點出季節的特徵，
層次豐富的花青表現山體和樹叢，畫面上色彩的透明感極佳，構
圖亦簡練，是頗爲精采的小品。

7. 黃山探勝
Exploring Huangshan

紙本　水墨　鏡片　每開約33.8×23.5 cm
後題：壬寅七月，子杰四弟自巴黎來過三巴，在八德園一月，偶語黃山
　　　之游，為寫十二幀贈別。爰。
鈐印：張爰、大千。
國立歷史博物館收藏

　　這是另一套以黃山為創作泉源之作，較之一九四五年所作的
《黃山記游》，已有了風格上的蛻變。雖仍以各開冊表現不同的黃
山名景，然而全套作品的筆墨統一性較高，畫家不再著意於以不
同的風格來表現自然景觀的特色，而強調體現對於自然的感受。
畫中不再仔細描繪物象細節，而多以率意快筆揮灑，並增加墨色
渲染所造成的效果，看似一揮而就，但若非對於筆墨掌握力極
佳，很難有此表現，這也顯示了其潑墨潑彩前的寫意風格，故應
為一九六○年代所作。

第一開
款識：人字瀑。
鈐印：：張爰、大千居士。

第二開
款識：鳴弦泉。
鈐印：張爰私印、三千大千。

第三開
款識：慈光寺。
鈐印：張爰之印信、張季季。

第四開
款識：天都峰。
鈐印：蜀郡張爰、大千居士。

第五開
款識：文殊院。
鈐印：張爰之印、大千。

第六開
款識：蓮花峰。
鈐印：張爰、大千。

第七開
款識：百步雲梯。
鈐印：張爰之印、大千居士。

第八開
款識：西海門。
鈐印：張爰私印、大千。

第九開
款識：洗臺石。
鈐印：張爰之印、三千大千。

第十開
款識：始信峰。
鈐印：張爰印、大千。

第十一開
款識：後澥。
鈐印：張爰、大千鈢。

8. 長江山水
Changjiang River

紙本　水墨設色　鏡片　每開約12×38.2 cm　1962
國立歷史博物館收藏

　　大千於六○年代間畫風丕變，氣勢磅礴，開創其潑墨潑彩之時代個人風格，力作多幀，足以傳世。課餘之暇，案頭餘紙，信手拈來，亦多精心小品，至有神趣。這一套《長江山水連作》即為其中精作，以長江沿岸各知名景點為描繪主題，表現技法係潑寫兼施，設色已略見潑彩之象。畫面先以大筆暈濕，再以細筆點寫收拾，用筆疏落率意，似不精心，而高妙處正在其中。

　　這八件畫作尺幅雖小，卻具千里氣勢，舉凡各景點之山色雲嵐、高聳鳥瞰、平遠遼望，以及波浪曉色、舟船點點、鬱鬱蒼蒼等江南沿岸之清潤景緻盡收眼底。四川是畫家故里，大千生平以長江山水、蜀楚勝蹟為創作主題的畫跡無數，這一類長江山水小品，皆可視為一九六八年大千總結長江山水創作經驗之鉅作《長江萬里圖》的先期手稿。經過多年治藝心得之醞釀累積，此卷乃奠立畫家於中國美術史上不可撼動之地位。

第一開

款識：巫峽雲帆。大千居士張爰。

鈐印：張爰。

第二開

款識：導江玉壘關。爰翁。

鈐印：大千。

第三開
款識：峨嵋山頂。爰杜多。
鈐印：大千居士。

第四開
款識：巴渝兩江。爰翁。
鈐印：張大千。

第五開
款識：大姑、小姑。大千居士爰。
鈐印：張爰印、大千。

第六開
款識：赤壁。爰。
鈐印：大千鉥。

第七開
款識：金焦北固。爰。
鈐印：大千。

第八開
款識：吳淞曉色。
鈐印：張爰之印。

9. 八德園小景
Bade Garden Scenes

紙本　水墨　冊頁　每開約26.1×40.3 cm
國立歷史博物館收藏

　　「八德園」佔地極廣，約有兩百華畝大，是大千旅居南美巴 (聖保羅)
西時，費盡無數心力資源所自行營造的中國庭園。園中花木扶
疏，美麗幽靜，完全是一派中國風味的庭園建築。這是畫家長年
漂泊海外的心靈慰藉，也是大千藝術創作的諸多靈感泉源。基本
上構築庭園，仍然是畫家的藝術創作，只是那非平面的表現，而
是工程浩大的「立體」創作形式，在難度上有更多的問題要克
服。

　　這裡數件小畫則是大千以「八德園」美景為創作題材的一系
列畫作，用傳統的筆墨風格表現，但用筆極為精到細緻，可說是
把中國文人畫秀潤典雅的特質闡發無遺。

第一開

款識：摩詰山園。壬寅八月蜀郡張爰。

鈐印：張爰、大千。

第二開

款識：摩詰山中看落日圖。爰畫。

鈐印：大千、張爰。

第三開
款識：八德園芙蓉自成都移植，一日白色，二日粉紅，至三日則深紅，所謂變
　　　色芙蓉，他處所無者，又有月月桂，亦不易得。
鈐印：張大千長年大吉又日利。

第四開
款識：八德園一角。大千居士張爰。
鈐印：大千。

第五開
款識：摩詰山園驟雨，因憶坡詩，黑雲翻墨未遮山，為善寫景。爰。
鈐印：張爰之印。

第六開
款識：八德園曉霧與子杰看曉霧寫此。爰。
鈐印：大千。

蛻變
敦煌的洗禮

Dramatic Transformation –

The "Baptism" of Tunhuang

1. 白描觀音
Line Drawing of the Bodhisattva Kuanyin

絹本　水墨　立軸　167×71 cm　1942
題記：大千居士造觀音菩薩象。白描絹本。
款識：翼之二哥供養。莫高窟第六十八窟唐人造大士像。壬午八月大千
　　　居士敬撫。
鈐印：爰鉥、大千、大風堂。
香港私人收藏

　　此爲張大千在敦煌所臨唐人觀音像，畫中觀音開臉豐腴圓
潤，手拈蓮花，腳踩蓮座，身體呈倒S形立姿，身戴纓絡，衣帶
飄揚。張大千在敦煌時期除了敷色功力大爲精進之外，「線條」
的掌握力也提升許多，一改之前較爲纖秀的用筆，而趨穩健，觀
音臉部與雙手用筆肯定精準，裙襬衣紋圓轉流暢，均頗具功力。

異之二寺供養
其西壁第六六曲菩薩立土像其月月天畫教練

85

2. 敦煌十一面觀音
Eleven-faced Avalokitesavara (Dunhuang)

絹本　重彩設色　鏡片　121.5×53.5 cm

款識：南無大慈大悲觀世音。敦煌漢高窟一百七十四窟盛唐十一面觀
　　　音。張大千敬撫。

鈐印：大風堂、張爰、大千父、老棄敦煌。

台北私人收藏

　　此作為大千遠赴敦煌考古面壁，臨摹唐佛教密宗壁畫之「十
一面觀音」，其十一面形象代表了菩薩十地與佛果。畫中線條勾
勒精鍊有力，而筆筆送到趾（指）端毫末；設色用硃砂、石青、
石綠等重彩，色澤穠郁艷麗，勾染醇厚，將觀音大士法相莊嚴，
衣飾華麗，以及眉目五官都畫得極勻稱工緻。由此可知，大千已
由文人水墨畫風轉入隋唐高古精麗穠艷之職業畫家之風格範疇。

南無大慈大悲觀世音

3. 北方天王像

Vaisravana, Heavenly King of the North

絹本　重彩設色　鏡片　134.5×58.5 cm
款識：朱鷖北方天王像。蜀郡張大千敬撫。
鈐印：西川張爰、金石同壽。
台北私人收藏

　　佛教中的四天王爲護法神，其中「北方天王」梵文名毗沙
門，義爲多聞，統領夜叉、羅刹。畫中天王面貌威武，身穿鎧
甲，手持寶塔，雙腳分別踏於二朵蓮花上。全畫敷彩濃重、用筆
率意，但偶有線條品質不同現象，或由大千與弟子合繪而成。

宋繪北方天王像

4. 善財大士
Shan-cai and the Bodhisattva Kuanyin

紙本　設色　鏡片　115×64.5 cm　1944
款識：甲申嘉平月敬為箸青先生、文哲夫人造象一舖永供養。張大千
　　　爰。
鈐印：張爰之印、大千。
藏印：匡時之印、仲英長壽。
台北私人收藏

　　這是張大千於敦煌歸來隔年十二月，爲箸青先生、文哲夫人
所作，圖像依據是敦煌石窟中的善才與大士像。依據《華嚴經》
所載，善財爲一具有善根的童子，曾參詣五十三位智者，後得證
入法界。此畫描繪一正面觀音大士像與呈蹲跪狀的善財童子，大
士頭頂有多彩背光，頭戴寶冠，耳掛環飾，身戴瓔珞，一手拈柳
枝，一手執淨瓶，雙足立於蓮座上。大士肩胸厚實，身上裙襬衣
摺與善財的衣帶，均以深淺二色呈現摺疊效果，全畫用色明麗，
線條勻整沉聚，顯示了敦煌臨習後的影響。

甲寅春月敬繪

菁青先生

文殊夫人脇象一鋪

求供養張大千

5. 春燈圖
Spring Lanterns

紙本　設色　鏡片　90×76 cm　1944
款識：甲申中秋。弘丘子，爰。
鈐印：張爰、張大千。
後題：航琛、紹侶兩兄囑題，以奉岳軍先生清鑑。大千弟張爰。
鈐印：張爰、大千大利。
台北私人收藏

　　張大千原本對色彩就有著相當敏銳的感受，當他看到敦煌壁
畫中精工富麗、金碧輝煌的設色表現後，更引發他內在的天份，
進而恢復了中國用色重彩的傳統，此畫敷色明麗鮮美，即顯示了
此種影響。此外，畫中女子的臉龐圓潤、燈飾的彩帶飄逸、線條
圓轉流暢、全畫物象複雜卻不紊亂，這些也均與臨摹敦煌壁畫期
間所習的造型、用筆與掌握龐大複雜構圖能力有關。

6. 唐宮按樂圖
Tang Dynasty Court Scene

紙本　設色　鏡片　96.5×76 cm　1947
泥金款識：丁亥二月既望，用敦煌漠高窟唐人壁畫法製此圖，蜀郡張大
　　　　千爰。
明金詩塘：唐宮按樂圖。
　　　　太平天子無封事，長日深宮事遊戲。自將新譜按宮商，一派
　　　　笙簫起天際。明眸皓齒光相射，急管繁弦坐終夕。破費千金
　　　　教得成，消磨一刻應須惜。爭妍競巧如相助，翻喜太真情不
　　　　妒。妙耳如聞蔡琰絃，重睡屢作周郎顧。鼓聲催去春來遲，
　　　　侍臣進罷清平詞。低頭不語向中使，試問韓休知不知。哀音
　　　　苦調何勿促，野老空聞曲江哭。君不見西川道上雨淋鈴，何
　　　　似霓裳羽衣曲。大風堂藏李文正公題《唐宮按樂圖》長句，
　　　　或傳此詩為戚繼光所作。此以墨蹟証之，乃知其非。丁亥二
　　　　月製圖遂並書之，蜀郡張大千爰。
鈐印：大千豪髮、大風堂、張爰私印。
台北私人收藏

　　張大千在敦煌精研古人設色的方式，此後一改清雅之風，轉
為穠重富麗。此作繪於自敦煌歸來不久，以美艷的樂師與華麗的
宮景來表現唐代宮廷的縱樂奢華景象。全畫色彩妍艷，甚富裝飾
性，紅柱、牆面、女子身上的衣裙、所坐的毯子，以及畫作周
邊，均充滿了裝飾紋樣，極盡表現色彩的豐富性。而畫作取景角
度特殊，以前後兩柱間的位置作為樂女的演奏空間，也以柱身遮
住幾位樂女的身體，此種半掩的模糊感，更顯露一絲曖昧性。

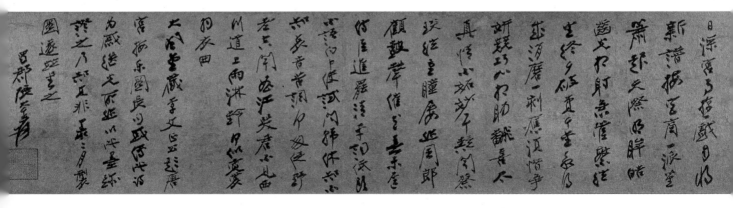

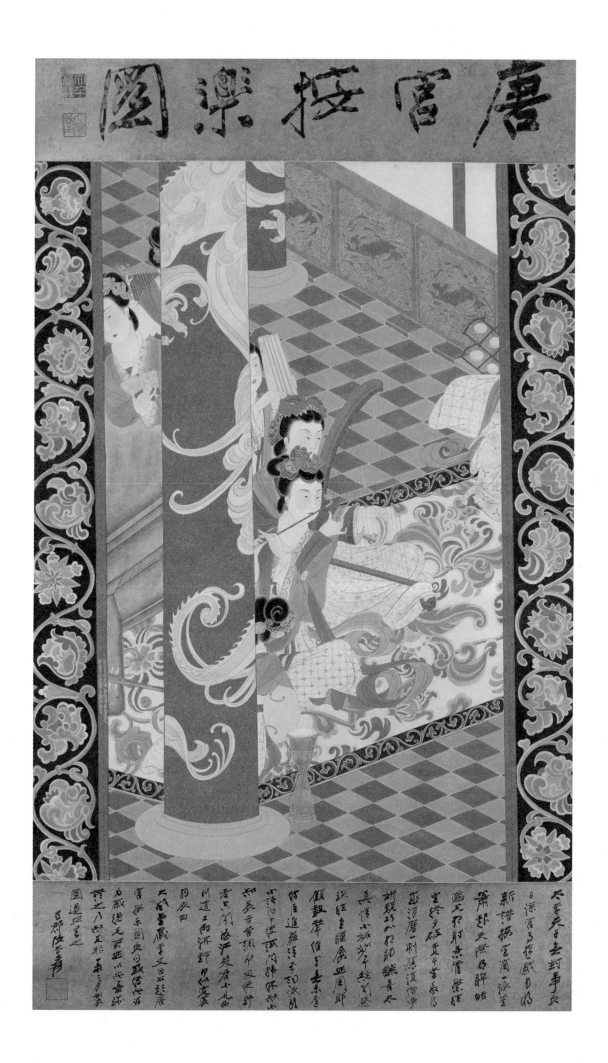

7. 降聖圖
Deity Descending to Earth

絹本　設色　立軸　99×61 cm　1950
款識：降聖圖。庚寅之二月，蜀郡清信弟子張大千敬造於菩提伽耶。
鈐印：張爰、三千大千、張爰印。
台北私人收藏

　　1949年底張大千應邀赴印度參展，期間並考察了多處佛教聖
地與阿堅達石窟，研究印度與敦煌壁畫間的差異。此畫作於菩提
伽耶，釋迦牟尼佛當年即於該城不遠處的菩提樹下悟道。畫面描
繪佛陀誕生的故事，其母摩耶夫人在途中休息時，手攀樹枝，釋
迦便從她的右脅生出，誕生後向東、西、南、北方各走七步，每
步均長出一朵蓮花。此畫中摩耶夫人細腰與胸臀豐腴的女體造
型、婀娜的體態、草葉的平面性組合，略具印度繪畫特徵，然而
卻仍以中國繪畫中的皴法表現樹幹肌理與立體感，是一件雜揉了
不同風格的作品。

8. 天竺歌姬
Indian Songstress

紙本　設色　鏡片　70×50.8 cm　1951
款識：催腔促拍兩眉彎，似笑如顰矯玉顏。已判此生長是客，新聲休奏
　　　念家山。
　　　波羅索城聽歌寫此稿，並賦小詩。越歲辛卯三月大吉嶺潤色成
　　　之。大千居士爰。
鈐印：張爰私印。
後題：既歸香島，命心一倣燉煌壁畫補錦障。爰又記。
鈐印：大千鉥。
台北私人收藏

　　此作爲畫家於印度遊旅所見之仕女印象，眉目五官舒展如
畫，身著傳統服飾「紗麗」，長身玉立的身形及衣紋的曲線襯托
出一股動勢，擺出直像現代名模的高雅儀態。此作女子氣度高雅
大方，玉面朱唇，敷染醇厚，襯以髮髻與服飾之黑白對比，更顯
得印度美女的明豔高華，與傳統中國仕女畫中清逸娟秀的美感頗
感不同。

　　畫面中又令其子葆蘿補繪敦煌石窟之唐宋錦障紋飾，在華麗
繁複背景與單純黑白主體之對比下，呈現出兼融清雅與富貴兩種
情緻與美感，此又爲畫家獨具的當行本領。通幅畫現代美女之熱
帶異國風韻，卻皆出以唐宋高古敦煌面壁之勾染設色技法，畫家
變古通今，活用其法，是爲大家。

師古
傳統的養分

Learning from the Ancients

The Traditional Aspect of Chang Dai-
Chien's Work

1. 仿石濤秋徑草堂圖
Painting in the Style of Shih T'ao's "Grass Hut by the Path in Autumn"

紙本　水墨設色　立軸　140×66 cm　1929
款識：綠齋三徑草，秋到一柴荊。曾記石谿有此，大千張爰。
鈐印：張季爰印、大千。
台北私人收藏

　　這幅中堂立軸是大千根據一開石濤的小幅山水冊頁變化而來，用筆極精練而自然奔放，墨韻清潤秀麗而不滯，通幅不施巧飾一氣呵成，深入文人水墨書畫風格的堂奧；十足是石濤的風神氣韻，呈現出畫家早年清新俊逸的畫風面目。很難想像畫家不過三十前後的年紀，竟能將石濤用筆用墨的精采，掌握得如此唯妙唯肖。畫上雖題識謂「曾記石谿有此」，當為大千誤記。

2. 仿漸江黃山溯江圖
"Going Upriver" in the Style of Jian Jiang

紙本　水墨白描　手卷　30.3×228.4 cm　1947
款識：漸江，即新安江弘仁大師，此間上著，因別署漸江。
　　　　予三游黃山俱溯江自潛口入山，此寫其景，即用大師法為之。
　　　　丁亥四月，蜀郡張爰。
鈐印：張爰之印信、大千。
台北私人收藏

　　張大千曾三度遊黃山，而此畫作於三遊之後，他選用新安派
畫家漸江的風格來描繪入黃山的溯江景況。漸江以筆墨簡略、強
調物象輪廓、多方角造型為著，遠承元代畫家倪瓚的折帶皴法與
蕭瑟冷逸而來。此作以尖細的乾筆、枯淡的墨色入畫，筆墨精
簡，頗得漸江精神。而稜峭的山岩壁面、各具姿態的奇松則呈顯
黃山的地貌特徵。全畫清舒，意境幽遠。

漸江即浙江九巳老師此間上春
因別暑漸平三瘡黄山俱漸江自
潜口入山此寫且凜中見之漸江是之

3. 擬關穜太乙觀泉圖
Watching the Waterfall

紙本　設色　竹骨成扇　19×45 cm　1947
款識（正面）：關穜太乙觀泉圖。臨寄祖韓大兄海上即乞教正。
　　　　　　　丁亥夏。五弟張爰成都昭覺寺藏芝齋中。
鈐印：張爰印、大千。
款識（背面）：夢漬春痕，愁淹眉暈，小閣蠶窗曲暗。竹掩花濃，簇斜
　　　　　　　陽深院。並肩坐，苦憶同心密結香蒠，海在盟言枯爛。
　　　　　　　解珮留珠，待何年重見（何時重見誤何年）。
　　　　　　　誤幽期、數疊屏風面。添離恨、再度藍橋畔。漫戀短漏
　　　　　　　殘更，早天明人散。照淒涼、缺月穿孤館。誰家弄、調
　　　　　　　促朱絃嘆。怎奈是、折了朱絃，折愁作不斷。
　　　　　　　拜星月慢，和清真。祖韓大哥正拍。弟爰。
鈐印：張大千、蜀客、存藝中原。
台北私人收藏

　　此為張大千寄贈他的知交李祖韓（1891-?）之扇，當為精心
所作。畫家以石青、石綠融混著墨色，表現出幽靜的山林，中央
以細筆勾畫出幾株樹木，樹木的結組將觀者的視線引導至畫面右
方，這時一瀉而下的瀑布與飛濺的水波打破了這片幽靜，為畫面
帶來動態，更形成全畫的焦點。瀑布前有二文士，一面觀瀑，一
面交談，猶如畫家與李祖韓情誼的投射。

4. 董北苑谿山雪霽圖
Landscape with Mountains and Snow in the Style of Dong Beiyuan

紙本　設色　鏡片　71×18 cm　1948
款識：董北苑谿山雪霽圖。
　　　戊子二月得宋紙小幀，縮臨於瀟湘畫樓。大千張爰。
鈐印：張爰私印、大千居士、瀟湘畫樓。
香港私人收藏

　　自一九四五年，張大千心儀已久的（傳）董源（ca. 937-976）
的《江隄晚景》成為大風堂的收藏後，他曾數次臨摹，並從中習
得青綠設色的董源風格。此畫的前中遠景均是密實的巨石與山
體，頗有宋畫的雄渾氣勢，然而靠著連結各景間的小橋、屋舍聚
落和瀑布，架構出一實中帶虛的空間關係。山石上的披麻皴法、
各具姿態的樹以及人物屋宇造型，均反映出他對董源風格認識的
一個面相。此畫作於宋紙之上，也頗為難得。

109

5. 金碧山水
"Gold and Blue" Landscape

紙本　竹骨成扇　23.5×72 cm　1949
款識（正面）：百嶺自迴合，天開寶樹林。古幢雲彩曳，風竹澗泉吟。
　　　　　　白石集龍象，青山養道心。網羅空罷戀，吾意在高深。
　　　　　　己丑四月，破二日之功，作此便面，頗得董巨大意。大
　　　　　　千居士張爰大風堂下。
款識（背面）：鶴壽不知其紀也壬辰歲得於華亭午歲化朱方天其未遂吾
　　　　　　翔也逎襄以玄黃之後帶藏乎山之下仙家石旌事篆銘不朽
　　　　　　詞曰相此胎禽浮表留唯髣髴事亦厥土惟寧浚洪流。寫鶴
　　　　　　銘如畫松，自有一種風骨。己丑三月既望，大千居士
　　　　　　爰。
鈐印：張爰、大千。
台北私人收藏

　　由於受到敦煌的影響，張大千也喜歡用金底或金粉作畫。此
畫以青綠風格作於泥金扇面，更顯耀眼華麗。畫中山體連綿，緊
湊密實，頗具氣勢，而以貫串其中的雲層和樓閣，區隔出較爲虛
透的空間，畫家胸中丘壑，躍然於咫尺扇面之上。扇面背後的書
法，行筆具律動感，結字開張，帶有明顯的南朝《瘞鶴銘》與宋
書家黃庭堅書風影響。

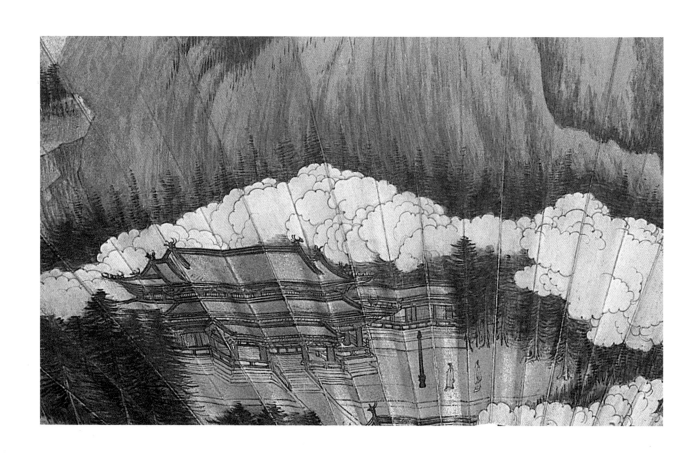

6. 仿張僧繇峒關蒲雪

Painting in the Style of Zhang Seng-You's "Snow Scene at Tongguan"

紙本　設色　立軸　117×49.3 cm　1949

款識：此吾家僧繇法也，繼其軌者唐有楊昇，宋有王希孟，元無傳焉。
　　　明則董玄宰墨戲之餘，時復為之，然非當行，有清三百年遂成絕
　　　響，或稱新羅能之，實鄰自鄶，去古彌遠。予二十年來心追手
　　　寫，冀還舊觀。斯從而後，直至小生，良用自喜，世之鑒者，毋
　　　乃愕然而驚，莞爾而笑耶。己丑閏七月廿五日，張爰。

鈐印：爰鉥、大千。

後題：游子仁兄方家正之。蜀郡張大千爰。

鈐印：張大千長年大吉又日利。

台北私人收藏

　　所謂「沒骨設色」，指的是不用墨筆勾寫輪廓，直接用色彩
來作表現，因此畫面上的色澤顯得特別妍麗秀潤，此法相傳是梁
朝張僧繇所創始，唐代楊昇則是繼承這種畫風；不過後世並無兩
人的真蹟流傳，是以其真實面目究竟為何並不可考。張大千擬倣
這一類的山水畫風淵源，早先是由董其昌的畫法來學習追溯。後
來大千遠赴敦煌考古，研摹大量北朝隋唐時代的高古畫風，更廣
泛地接觸到宋元名蹟，因此其見識深廣的程度則大有凌駕於董其
昌之勢。

　　大千後來的藝術發展則仍在這一脈畫風深下工夫，此作則是
大千眼目開拓後的更上層樓之作。通幅用筆細密紮實，氣象遼
闊；山石、山腳以石青、赭石皴染，遠山積雪，紅白相映，歷歷
分明，真有一片夕陽暉照的樣子。大千更於畫上題記署明這路畫
風的出處，說明了這一家脈風格之淵源演變，以及由其再生的經
過。

　　晚年的張大千更以潑墨潑彩的新技法，來表現「沒骨設色山
水」這一路畫風的現代風格。這一切都顯示張大千的藝術發展都
有其深廣的脈絡根源可尋，同時也顯示他在中國藝術史的研究
上，牽連了許多密不可分的重要課題。

7. 秋水雲帆
Sailing Boats on the River Amidst Autumn Mists

紙本　設色　鏡片　26.5×23.5 cm　1951
款識：秋水雲帆。儗唐楊昇峒關蒲雪筆法為之。辛卯十一月大千居士
　　　爰。
鈐印：張爰、大千。
再題：寫似成根仁兄方家正之。蜀郡張爰，時客九龍城西。
鈐印：張爰之印、大千。
台北私人收藏

　　畫家由於赴敦煌考古，上探隋唐北魏之精麗高古，因此其盛
年擬倣唐宋古人的青綠山水風格，用筆工緻細麗，氣韻生動典
雅，又非早年功力可及。此幀山水小品，不用墨筆而以「沒骨設
色」為表現，色澤顯得特別妍麗秀潤，至為精采。

8. 煙雲山水
Cloudy Mountains

紙本　水墨設色　立軸　119×65.5 cm　1960
款識：山樓聽雨夜淙淙，泉聲落枕急如樁，木棉昨日新開蕊，灼灼能餘
　　　幾攀紅。庚子八月摩詰山園寫。爰翁。
鈐印：張爰之印信、大千居士、下里巴人。
台北私人收藏

　　此作氣魄宏偉博大，筆墨揮寫雖看似粗率，然氣象生動，淋
漓蒼茫，將中國古代「雲山」畫派一脈之精神內涵作了深度動人
的新詮釋。此作係大千晚年由傳統畫風過渡到潑墨畫風成形開創
前的重要作品，潑墨風格已呼之欲出，且畫面中已可見出不尋常
的新氣息；真大家手筆，令人驚嘆。

　　畫面題識中，有數行字爲後人所挖嵌補綴，有些可惜。蓋此
畫原以爲題贈大風堂門下高足，其當爲內行方家所寶，未料卻轉
以貲流於市面，殊爲可感。

117

9. 臨黃筌鷹犬花卉圖

Imitation of Huang Chuan's "Dog, Hawk and Flowers"

紙本　設色　鏡片　178×90.5 cm　1948
款識：戊子年三月二十有六日，臨宣和畫譜所載黃筌鷹犬圖畢，題識自始
　　　及成都二十有五日也。蜀郡張爰大千父。
鈐印：張爰、大千。
台北私人收藏

　　此畫由款識內容指出臨自《宣和畫譜》所記載的黃筌（?-965）
畫作。五代畫家黃筌曾從刁光胤（ca. 852-935）習畫，且所開創的
黃家花鳥畫風以富麗工巧著稱，並對北宋以後的花鳥畫產生極大影
響。張大千曾言他畫的牡丹宗法刁光胤，由此可知其心中這類風格
的淵源。

　　畫中佛頭青、照殿紅牡丹均以泥金勾畫花瓣輪廓，十分耀眼，
白牡丹則以墨色勾邊，雖與一旁的白鷹並置，但卻能與白鷹羽毛產
生質感的區別，花朵比例奇大，綻放燦爛，極具富貴氣。此外，黑
犬毛皮的光澤與白鷹羽毛的光潔感，也增添畫作華麗感。

119

10. 臨東丹王人馬圖
Imitation of "The King of Dongdan on Horseback"

紙本　設色　鏡片　140×65.5 cm　1949
款識：東丹王李贊華人馬圖。
鈐印：張爰長壽、張大千長年大吉又日利。
再題：千里平原照眼春，青衫行伴遠游人。四蹄風入飛胡馬，密柳都迷
　　　陌上塵。己丑人日在山樓重題。大千居士張爰。
鈐印：張爰私印。
台北私人收藏

　　李贊華（898-936）為五代契丹畫家，以描繪游牧民族人馬
題材聞名。這幅《人馬圖》描繪一人騎於馬上，馬兒躍足而行，
鬃髮迎風略飛，一旁的大樹枝葉也微微揚起。畫中人物衣紋略帶
丁頭鼠尾描，馬身則以墨染與敷色表現出身軀起伏的明暗深淺及
毛皮質感，用色古雅，雖非本於李贊華之作，但也應是脫胎自古
畫。然而，人物動作描繪細緻，馬兒身軀結構準確，顯示張大千
除了仿古之外，觀察寫生能力亦佳。

11. 抱琴仕女
Lady with Zither

紙本　水墨設色　立軸　127×48.5 cm　1934
款識：九峰宗長兄命寫「抱琴無語立斜暉」句意，以六如居士筆法呈
　　　正。甲戌七月大千時主聽鸝館。
鈐印：蜀郡張爰。
星辰齋收藏

　　此圖爲大千三十五、六歲所作之仕女風格，筆致秀逸，墨韻
清潤，頗能見其早年清新俊逸的風貌。「聽鸝館」是畫家早年居
北京頤和園之齋館名號，畫上雖自署仿唐寅筆法，但與六如多用
轉折之方筆趣味不太相弗，蓋取明清仕女纖細娟秀之氣韻爲多。
通幅筆墨迅疾，眉目開臉，髮鬢衣飾一揮而就，用筆之靈秀生
動；較之明清諸仕女畫名家毫不遜色，亦足見畫家早年不凡之才
情。

12. 玉缸春暖仕女
Lady with Jade Vase

紙本　水墨設色　立軸　185×88.5 cm　1938
款識：嫋嫋行雲去，仙衣不染塵。玉缸春酒暖，進與養年人。半園宗丈
　　　七旬晉九大壽，戊寅四月朔，張爰拜頌。
鈐印：大風堂、可以橫絕峨嵋嶺、自嫌尚有人間意、張爰之印、大千居
　　　士。
上有傅增湘、蕭方駿、譚祖任、蕭方騁、趙椿年等人題跋，跋文略。
台北私人收藏

　　此畫是仿自明代畫家吳偉（1459-1508）的仕女畫風格，而
略變其意而來。用筆以方筆側峰為主，筆法疏放率意，仕女裊然
前行而具動勢。髮髻造型與原作頗見差異，眉目五官則端莊典
雅，氣韻生動傳神。此作是為慶賀長者壽誕，畫一仙女進獻美酒
裊然而來，畫上並有名士多人跋識，是畫家早年水墨仕女畫作的
精品。

13. 仿唐六如仕女圖
Painting in the Style of Tang Bohu's "Lady"

紙本　水墨設色　立軸　108×55 cm　1944
詩塘釋文：短長闊狹亂堆床，勻染輕拖玉色光，豈是無心勿針線，要將
　　　　姓字托文房。
款識：六如居士本，略參用漢高窟中晚唐供養人衣飾臨之。甲申嘉平阿
　　　爰。
鈐印：大風堂、大千毫髮。
台北私人收藏。

　　此幅《仿唐六如仕女圖》，即是大千同時融合職業畫家的筆
法與文人畫風的氣韻兩種不同表現特色之精作。畫上題記：「六
如居士本，略參用漢高窟中晚唐供養人衣飾臨之。」說明此作畫
風本源；雖自謂係擬仿唐寅仕女圖，但其所到達之境地已力追唐
宋高古，又非唐寅之所能及。

　　畫中美女裊裊行來，神情生動，儀態端莊，在安靜嫻雅之間
而富有動勢。眉目開面栩栩如生，先用淡墨鉤輪廓五官，再以淡
硃砂烘托。眼眶鼻樑用赭石襯出明暗，額鼻下顎則以白粉暈染，
古稱「三白」；點唇用硃砂，再用洋紅分開。最難處尤在鬢髮，
濃墨細筆，以淡松煙墨層層渲染，色澤柔潤，清秀自然，直有從
膚中長出的眞實感。

　　此皆大千參用唐宋古法，非明清人所能及。衣披裙帶花紋更
用敦煌唐人法，色澤妍麗，描寫精細，筆致清潤而不刻板。畫面
雖僅置美女一名，卻絲毫不顯單調；大千於構圖一道實有過人的
精妙，深得古人作仕女畫之秘傳。

　　畫首並以唐寅的筆法題七言詩句一首，書法之精到流暢毫無
滯礙，其擬仿六如筆意已達此境地；換句話說，大千能將唐寅
胸蘊了然於心，這顯示出其境地所能已在唐寅之上，下筆超脫自
在而遊刃有餘。一般觀念總認爲，模仿某家是尾隨其後，必不可
能超越某家。殊不知這必須視仿者的天份才情；以大千用功之
深，涉獵之廣，故能集各家之長；因此縱然以唐六如才情之高，
亦難以侷宥大千之所能耐。

短長闊狹斜堆床自
染輕搖玉色光豈是
無心勿針線要將姓
字托文房 唐寅

六如居士畫畫本國原高館卜晚
庶供養人家飾之 甲戌李秋澍青

14. 覓句圖
Seeking Inspiration

紙本　設色　竹骨成扇　24×69 cm　1949
款識（正面）：成根仁兄法家正之。蜀郡張爰。

閉門覓句陳無己，對客揮毫秦少游，客有誦此二語者，因以意作覓句圖，攢眉苦思略得彷彿。己丑初夏，鼠始未落，將離欲吐，弄筆為快。大千居士爰。

鈐印：蜀郡張爰、三千大千。

款識（背面）：今人絕不作故事者，緣所為之人不考古衣冠，皆使人發笑。古人皆云某圖是故事也，蜀人有晉唐餘風，國初以前多作之人物，不過一指，雖乏氣骨亦秀整，林木皆重色，清潤可喜，今絕不復見矣。己丑之夏漫書襄陽畫學，大千居士爰。

鈐印：張爰長壽、張大千長年大吉又日利。

台北私人收藏

　　這是另一件以「覓句」為題之作。畫中文士撫鬚苦思靈感，旁有背對著觀者的仕女和童子，人物間的構圖安排搭配扇面形式，形成良好的空間關係。全畫設色清雅，畫中的瓶花、竹子座椅和石桌等，均是張大千在這類作品中經常描繪的母題。

15. 覓句圖
Seeking Inspiration

紙本　設色　鏡片　117×58.5m　1949
款識：乍引清商梧葉秋，涼颸吹袖動吟謳。尋常摘句雕蟲事，歸去西簾
　　　下玉鉤。老蓮勾勒結構，蓋自六代石刻來，其設色仍未逾宋元矩
　　　矱耳。己丑五月，大千居士并記。
鈐印：張爰長壽、張大千長年大吉又日利。
台北私人收藏

　　「覓句圖」是常見的人物畫題材，張大千就曾繪製作多件與
此構圖相同的覓句圖。大千早年人物畫受任伯年（1840-1896）
影響，任伯年師法晚明陳洪綬（1588-1652）奇古風格，又大風
堂自四○年代起即收藏有陳洪綬之作，因此張大千便上溯陳老
蓮，無論是用筆或造型，均得其精髓。然而，雖然構圖相同，但
張大千在這些覓句圖中，皆作各異的敷色表現，或略爲調整人
物、景物造形，帶來不同的變化。

131

16. 桐蔭覓句
Seeking Inspiration in the Shade of the
Paulownia Tree

紙本　水墨設色　立軸　95×51m　1953
款識：乍引清商梧葉秋，曉風吹袖動吟謳。尋常摘句雕蟲事，歸去西簾
　　　下玉鈎。癸巳七月。大千居士爰飲光移作。
鈐印：張爰私印、大千富昌大吉。
台北私人收藏

　　此作為畫家盛年所作精筆人物畫，取法明代畫家陳老蓮拙勁
有力的風格，線條用筆精準圓勁，有若屈鐵盤絲，高士眉目五官
鬚髮如生，開相古雅，與早年的秀逸的風格差異頗大。桌上的瓶
花、文房器皿、桌椅擺設，以及梧桐樹拙致挺勁的造型，無不高
古細緻；通幅以特殊之黃楊綠色調為主，深淺變化有致，設色之
脫俗典雅，令人讚嘆。加以題識書法落款之蒼勁多姿與精到合
宜，實為畫家精筆人物畫之力作。

17. 觀音像
The Bodhisattva Kuanyin

紙本　水墨設色　立軸　112×75 cm　1951
款識：延濤居士、士香夫人永充供養，辛卯之秋蜀郡清信士張大千敬
　　　造。
鈐印：張爰、大千。
于右任題：觀自在菩薩，行深波羅密多時，照見五蘊皆空，度一切苦
　　　　　厄。于右任。
鈐印：右任。
劉延濤文教基金會收藏

　　此畫有大千先生題贈劉延濤（1907-1998）之款，又有于右
任（1879-1964）題詩，爲藝壇三位友人的交遊紀錄。畫中所繪
爲水月觀音，其爲三十三觀音之一，在敦煌壁畫中，自五代始即
有此種描繪觀水中月影的觀音形象。此作中的觀音開臉圓潤，仍
可見敦煌影響，然而衣紋線條、背景的竹葉卻充滿文人筆意，全
畫中用色清雅，頗具文氣，應是大千先生爲致贈藝友所特別選用
的文人風格。

南无觀世音菩薩

創新

當東方遇上西方

Innovation –

A Meeting of East and West

1. 喜雨圖
Glorious Rain

紙本　水墨設色　鏡片　73×148 cm　1959
款識：三月晴乾無好壞，扶筇日日覓花開，夜來一雨纏綿甚，定有山櫻
　　　怒破蕾。今春摩詰久晴無雨，枕上忽聞雨聲，喜雨占此，曉起更
　　　為此圖。己亥爰。
鈐印：大千父
香港私人收藏

　　這一年的春天以來，張大千在巴西所居住的「八德園」久旱
不雨，一日夜晚在睡中忽然聽到下雨聲，欣喜之餘，乃在心中賦
詩一首以抒其心境。晨起乃畫了這幅《喜雨圖》，饒富情致，足
見畫家是深於情者。

　　這幅畫應該是以一張古紙所畫，加上是以仿古形式的「董巨
山水風格」來表現，因此畫面上看來更是古意盎然，渾厚蒼茫。
董源畫山水有一種「大而能秀」的氣慨極不容易學，是大千盛年
時追摹宋元大家最為用功致力的對象。實際上這幅畫作落筆著墨
處不多，但畫面效果卻異常渾厚，同時瀰漫著煙雲水分的山林氣
氛，可見大千已能充分掌握董源那種雄偉卻能秀潤的筆墨特質。

　　通幅以董源披麻皴為主要的筆法，前景中以濃重的用筆皴寫
山石、林木與苔點，筆致蒼逸老辣；遠景則以淡墨揮寫，推顯出
空間距離，意境動人。元代以後所發展出來的「雲山畫派」，實
際上是源自於董巨的江南山水，因此大千這幅雲山蒼茫，水氣迷
濛的《喜雨圖》，應該視為是大千雲山系列的畫作之一。觀此作
可知畫家畢生之藝術創作風格，無不有其淵源所自也。

139

2. 山園驟雨
Sudden Rain in the Mountain Garden

紙本　水墨設色　立軸　162×87 cm　1959
款識：山園驟雨，其狀若此，亟拈筆圖之。己亥秋日，爰。
鈐印：千千千。
台北私人收藏

　　這幅畫在大千一生的創作中，有著非常特殊的意義。首先，畫面上樹叢枝枒之間已可看到有青綠潑彩疊染的痕跡，表現技法粗獷大膽，雖然尚未出現抽象畫風之特殊效果，但已可視之爲開創青綠潑彩畫風之先河。其次，畫面的構圖方式與大千所慣常表現的中國山水形式大爲不同。傳統中國山水畫的構圖，往往以前景、中景、遠景並置於狹長的畫面，將深遠（俯視）、平遠（平視）、高遠（仰視）等不同的視點與角度納入同一視覺空間，以呈現中國文化可望、可遊、可居的宇宙觀與人文情感。

　　然而這張畫作卻放棄了傳統山水畫的布局方式，而是採取西方式的框景構圖，也就是較集中的單點透視方式。因此此作畫面上最大的特徵，則是近景從右上方斜進的一叢枝幹，這完全是西方風景畫常見的窗景構圖方式；同時畫面猶如西畫般幾乎填滿，不同於傳統中國山水畫必留空白的餘想空間。畫面的設色除了有花青、赭石微染外，部分樹叢用石綠疊漬渲染，這些表現似乎不能不說是來自於畫家接觸新文化、新視野的時代影響所致。

　　然而就整體而言，這幅畫作的氣質以及主要技法仍然著重於傳統中國書畫的品味，尤其筆墨線條的使用，老辣淋漓，至爲精采。通幅氣勢龐大，用筆奔放快意，墨韻深邃濃鬱。下方的水草、竹葉與樹枝出筆強而有力，生機蓬勃，在視覺上也造成與上方樹叢的平衡。溪谷間山石背景的色澤與質感畫得深刻眞實，水紋順手寫出，線條生動流暢。《山園驟雨》一作深切地掌握住自然物象中的物理情態，將山林中水氣濕潤的雨中氣氛描寫得極盡動人，雖是寫意風格的筆墨表現，卻能呈現出極強的寫實感。

3. 瑞士瓦浪圖
Swiss Landscape

紙本　水墨設色　手卷　30.6×129.2 cm　1960
款識：庚子夏與子杰四弟同遊瑞士瓦浪湖為寫此圖留念。爰。
鈐印：張爰私印、大千居士。
國立歷史博物館收藏

　　五〇年代中期以後，大千多次赴歐洲遊歷開拓胸襟視野，並
舉辦畫展，接觸西方藝術文化，給予他很大的刺激與感受，其晚
年畫風丕變蓋與此經驗大有關係。

　　大千旅遊歐洲，對瑞士湖山情有獨鍾，曾多次以之為作畫題
材；此卷以水墨暈濕點染，湖光山色，秀潤滿紙，可視為係大千
早年創作經驗與新視覺經驗之結合。其將紙打濕作畫，筆墨暈濕
流動，特能表現山林水氣迷濛之態；這種技法首先運用自大千素
仰的石濤，居士早年仿石濤多有類似之作，雖秀潤有餘，然皆不
及此卷渾厚，蓋以畫家多年功力歷練之精進也。

4. 昇仙峽記遊

Record of a Visit to Shengxianxia

紙本　潑墨設色　立軸　143×75 cm　1975

款識：靈境何年闢，暫來亦夙緣，畫屏文錦亂，山頂盡屏風石，擊壑瀑
　　　聲寒，山如能供饌，峽中產魚絕鮮美，名山女，水精不計錢，山
　　　產水精隨地皆是，昇仙吾意懶，願借屋三椽。三年前曾遊昇仙
　　　峽，彷彿在心目，寫此奉寄延濤老兄乞教。大千張爰三巴摩詰山
　　　中八德園。

鈐印：乙卯、張大千長年大吉又日利、張爰私印。

劉延濤文教基金會收藏

　　五、六〇年代間，大千旅居巴西八德園，但經常前往日本旅
遊。此作係畫家旅遊日本山梨縣，以整座花崗岩所形成之懸崖峭
壁與奇岩怪石著稱的「昇仙峽」，所作之記遊圖繪；並用以持贈
也是書畫名家的劉延濤之畫作。由於劉氏夙有清望，人品甚高；
加上又是書畫方面的內行，所以大千此作甚為精湛，非一般應酬
之作可比。

　　由於昇仙峽係高聳的瀑布溪流，景勢壯闊，大千乃以縱向鳥
瞰之山形結構布局，呈現出深山大峻之雄偉氣勢，並具有強化空
間景深的視覺效果。通幅先以潑墨暈濕渲染，營造山形與雲水飛
動之迷濛意象，繼以筆墨收拾，寫出山石輪廓、林木屋宇、垂瀑
溪流；並以青綠重彩稍作渲染，突顯出峽谷中蒼鬱青翠，空濛秀
潤之特質。

145

5. 瀑
Waterfall

紙本　水墨　鏡片　33.2×10.9 cm
款識：爰翁。
鈐印：張爰長壽。
國立歷史博物館收藏

　　雖然「瀑布」在中國水墨畫中並非罕見的主題，但像此畫具
新意者並不多，畫面二旁以潑墨渲染而留出中央的瀑布，水瀑間
又以極爲快速的筆觸表現一洩而下的水流，全畫雖僅以黑墨、白
紙表現，然而黑白分布極爲巧妙，介於抽象與具象之間，水墨層
次又極爲豐富，充滿溼氣淋漓之感，，是十分精采的小品。

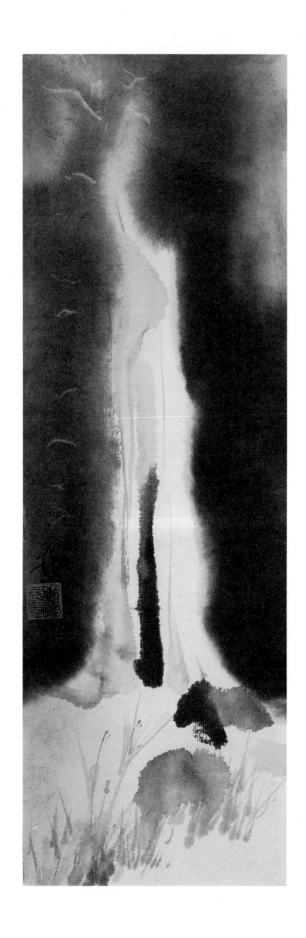

6. 雲山圖
Cloudy Mountains

紙本　潑墨設色　橫披　102.5×385.5 cm　1966
款識：故人病起便馳書，長短相思無日無。索寫雲山征宿諾，知予膽氣近仍粗。我能
　　　揮灑汝能題，寄到高齋定有詩。三十六峰雲奔蕩，如椽健筆雨淋漓。履川道兄
　　　大病方起，聞予膽石已除，書來相慰問，間征宿諾，欣然命筆，內無留藏，外
　　　無拘束，風落雷轉，倏忽而成，知此畫寄到，履川必同一狂喜，以慶身各康強
　　　也。弟爰。丙午潤三月。
鈐印：老董風流尚可攀、己亥己巳戊寅辛酉、大風堂、大千父、千千千。
大陸私人收藏

　　此作係大千為慰藉好友曾克耑（1900-1975）大病初癒，並履行曾承諾索
畫之要求，而寄贈之書畫精品。此時大千本人亦膽結石手術康復之際，在心
情體力俱佳的情況下，乘興而作一氣呵成。畫面用墨甚重，大面積潑染雖濃
重而不滯，營造深邃濃郁，奇幻空濛之山間景致。全畫雖未指明勝景出處，
但以山石肌理之奇特造型，以及峰頂奇松之生長意態來觀察，在在顯示俱為
大千生不最鍾愛之名山勝境「黃山」。

　　此作用筆用墨迅疾奔放，毫無拘束；在粗曠的表象中卻有細緻之內涵底
蘊，呈現出畫家深強之自信與氣魄，同時也深信摯友也有這般眼光能力能夠
欣賞其中的精采。此外，款題書法之整飭精到以及畫家心境內涵之愉悅感
受，則是此作另一值得細細品味之重點。

7. 黃山絕頂
Huangshan Mountain Peak

紙本　青綠潑彩　鏡片　156×70 cm　1966
款識：三作黃山絕頂行，年來煙霧鎖晴明，平生幾雨秋風展，塵蠟苔痕夢
　　　裏情。
　　　丙午四月既望寫黃山舊遊，鑒畫者當以意求之，不必指定其處也。
　　　大千居士爰。
再題：寄與七弟祖萊。爰翁六十有七歲。
鈐印：張爰、大千居士、大千、己亥己巳戊寅辛酉、大風堂。
台北私人收藏

　　黃山以奇峭秀麗的特質著稱，幾可稱中國名山之首，因此黃山
給予歷來的藝術家許多的創作靈感，石濤、梅清、漸江等大家皆以
畫黃山享盛名，後世乃因而稱「黃山畫派」者。張大千對黃山亦情
有獨鍾，早年受其師李瑞清之命，多次赴黃山「看雲觀海」，啓發胸
襟藝境，曾三度登臨黃山絕頂。一九二〇年代間，當時登山路途之
艱難險阻非一般人可想見，而大千還三度裹糧前往，可見他深受黃
山的感動開悟，畢生乃多次以黃山爲創作題材。

　　此作係畫家晚年回憶黃山的雄奇險峻，以大青綠潑墨潑彩之技
法爲之，與當年以筆墨爲表現主軸的畫風大相逕庭；通幅以水墨法
大片暈染，青綠墨澤之施展將深邃濃郁，蒼翠迷濛的山林氣象出落
地淋漓盡致。畫家雄偉之氣魄與創作張力，可謂皆已臻化境。

151

8. 愛痕湖
Aihen Lake

紙本　潑墨設色　鏡片　67.8×188.8 cm　1966
款識：湖水悠悠漾愛痕，岸花搖影狎波翻；祇容天女來修供，不遣阿難
　　　著體溫。
　　　年前與藝奴漫遊歐洲，從瑞士入奧國，宿愛痕湖二日，曾作此詩
　　　戲之，彷彿猶在目前，而此樂竟不可復得。爰翁丙午七月寫並
　　　記。
鈐印：大千唯印大年、大千世界、東西南北之人、昵宴樓。
台北私人收藏

　　大千於六〇年代間多次赴歐遊旅，其中瑞士、奧地利等國的
湖光山色，令畫家印象深刻，曾多次以之為作畫題材留下不少佳
作。北歐景致以清新秀麗見長，尤以湖水之明鏡清曠著稱，與中
國山水之奇峭險峻或他國之雄偉壯麗大不同。故此作以橫幅走向
之平遠視覺效果為主，留出狹長空白之湖水意象，呈現一覽無遺
的開闊空間景致。

　　此作是畫奧國名山勝境《愛痕湖》，台北史博館則有另一件
收藏是畫瑞士名景《瓦浪湖》；兩作相隔約四、五年，畫面布白
結構十分近似，但表現風格卻頗有差異。《瓦浪湖》以清新秀潤
之水墨法為主，畫家潑墨風格已有明顯地呈現，但其時尚未發展
出潑彩畫風。《愛痕湖》則以青綠重彩設色，強化視覺效果及畫
面肌理層次，而具有更前衛大膽之現代藝術特質。即此而言，已
可見畫家不同凡響之創作張力。

153

9. 樹梢飛泉
Branches and Flying Spray

紙本　潑墨淡設色　鏡片　48.5×30.1 cm　1966
款識：丙午夏。爰。
鈐印：大千。
台北私人收藏

　　此作僅以墨色施展，繪於淡金色澤的箋紙之上，黑色與金色
交融相錯，特有一種素淨而華麗的質感。通幅以墨色大片暈濕潑
染，畫面幾不視物象，而略施山巖房舍之形廓肌理，山腰點景亭
宇，通幅則呈現一片煙嵐雲霧，濃郁幽深，水氣瀰漫之山林氣
象。畫家水法、墨法之施用不過寥寥數筆，墨韻濃重而不滯，氣
勢磅薄渾厚，透顯出深邃之空間層次。

155

10. 黃梅雨山
Landscape in Rain

紙本　水墨設色　鏡片　98×43.5 cm　1967
款識：南蕩東坡水漸多，陌路車馬斷經過，鍾山未訪朝雲散，索此黃梅
　　　細雨何。拈半山老人句寫。爰翁。
鈐印：丁未、大千唯印大年、己亥己巳戊寅辛酉、法匠。
台北私人收藏

　　此圖亦爲大千「雲山」風格系列的畫作之一，只是所描繪的
景致又有創新的意境，與他幅表現雲水飛動，氣勢磅薄煙雲山水
有很大的不同。這裡畫家所描寫的是那溫潤濕熱，牛毛細雨般的
五月黃梅天氣，因此畫面上有一種濛濛細雨，水氣瀰漫的情境。
畫面上先以潑墨法暈濕，再用細筆慢慢收拾，用筆溫潤綿密，回
歸傳統具象寫實的山水風格；設色略施淡青綠，色澤妍麗秀潤，
有如少女薄施脂粉，氣韻生動宜人，一派江南山水景象。

157

11. 深山飛瀑
Waterfall in the Heart of the Mountains

紙本　潑彩設色　鏡片　94×183 cm　1968
款識：爰翁，戊申夏日八德園製。
鈐印：大千唯印大年、五亭湖。
雙瓴居收藏

　　畫面上全以潑墨潑色之現代水墨技法表現，不見傳統中國山水畫之筆墨意象，幾乎是接近於西方之抽象畫。然而由於畫中又以少許筆墨收拾，畫出山石林木之肌理輪廓，並導引出中間的瀑布，使抽象的畫面又回歸具象的山林意象；深山中濃郁深邃，氣勢磅礴的翠綠色質沁人心神。

　　此作最重要的成就在於墨彩重疊的畫面質感。潑墨撞粉等水墨自動技法的偶然效果，營造出層次豐富的變化；青綠重彩之施用有如藍綠寶石一般，深邃流暢而晶瑩艷麗，絲毫不見鬱滯之跡。這種畫法稍有不慎即落入技法形式的空洞堆砌，造成色澤混濁不堪的畫面效果。

　　畫家於宇宙大觀有深刻的情感與觀察，下筆為圖宏偉之氣象自然出於筆端。世人或有輕慢其潑墨潑彩風格不過為玩弄水墨技法者，觀此作可知大千胸中丘壑深廣，未可以「形式主義」者視之。

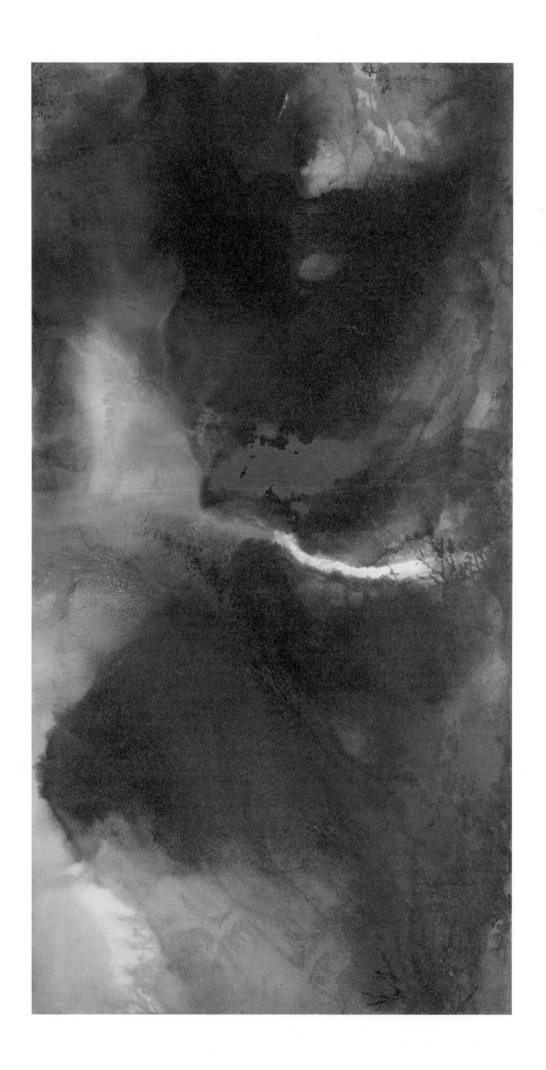

12. 古木松柏
Ancient Pine and Cypress Trees

紙本　潑彩設色　鏡片　102×194 cm　1969
款識：五十八年歲己酉四月十四日蜀郡張爰大千父，三巴摩詰山中製。
鈐印：大風堂。
台北公立機構收藏

　　此作原名為《廬山圖》，然而畫題卻是古松柏，其為張大千
六〇年代末於巴西八德園時期所繪製，畫作尺幅頗大，結構嚴謹
雄奇，氣勢偉岸。此時期其青綠潑彩技法施於山水畫已達得心應
手之境地，然畫家卻更進一層地將青綠潑彩風格推展於花卉、奇
石、古木等作畫主題中，大千治藝兼融古今，觸類旁通的本領令
人讚嘆。

　　畫面先以潑墨暈染布局打底，分出明暗空間；繼以筆墨收
拾，點寫出古木虯幹曲折之樹形輪廓，用筆於疏落率意間，卻顯
出渾厚蒼茫之勁道，足見畫家筆墨功力之精到。最後施以青綠重
彩，色澤穠艷而蒼鬱，將古木生長於深山大澤的幽寒意境作了生
動傳神地呈現。

161

13. 煙雲曉靄
Dawn Mist

絹本　潑彩設色　鏡片　54×75 cm　1969
款識：爰翁、己酉春。
台北私人收藏

　　此作係畫家晚年所自創的青綠潑彩山水，畫面上暈濕流動的自動繪畫技法（Automatic Painting），十分具有前衛創新的實驗性，極接近西方抽象畫風的外貌，而與傳統中國山水畫風差異很大。這麼現代感強烈的繪畫風格出自張大千，一個完全出身於中國古典畫學傳統的畫家，這其中則顯示有深值探究的課題；換言之，這種現代潑彩畫風與傳統中國山水畫究竟有何實質關連？因此不免為世人所質疑，這只是張大千故弄噱頭技法的行銷手法。於此可由兩點來檢視，一是外在形式技法，二是內在精神根源。

　　穠艷的青綠潑彩充分發揮了高彩度的色質，這是遠承敦煌佛教藝術用重色重彩的影響。在彩度與色質的明快效果而言，張大千發展出的新繪畫形式實際上要比西方抽象畫派更為成熟完整。原因是：西方的抽象畫作多強調潛意識與不可知的實驗性、偶然性，並沒有確定的意涵；而張大千的潑彩畫有經過打底的特別處理，這是中國古典工筆畫的特殊作畫程序，因此畫面層次特別深厚耐看。另一方面絢麗動人青綠色澤與白粉渲染地交互運用，則營造出煙嵐雲霧、幽深濃郁的山林氣概；將幾近抽象的畫面視覺效果，重返具象之山林意象，其創作內涵則是謹守中國山水藝術之精神本位。

　　畫面中流暢明快的造型美感，以及深邃動人的山林氣韻，都呈現出畫家深度的創作內涵。此幅青綠山水將石青、石綠等傳統中國重彩，發揮得極炫目瑰麗，色彩方面的成就很高；顯示出畫家經過相當時間的醞釀發展，將西方現代抽象畫風的影響，消融到中國的古典畫學傳統中，開啟了中國水墨畫的新紀元。

14. 春山積雪
Snow in the Spring Mountains

絹卡　潑彩設色　鏡片　54.6×75.9 cm　1972
款識：六十一年十一月環蓽菴寫，爰翁七十四歲。
鈐印：得心應手、壬子。
台北私人收藏

　　此作擬仿宋人畫「春山積雪」、「雪江岸景」等天寒地凍的
早春景象，承衍李成（919-967）、郭熙（ca. 1001-1090）一脈山
水風格；卻以青綠潑墨潑彩風格揮寫，另出蹊徑，別具手眼，可
謂「上追古人，後啟來者」。山頂積雪沉鬱渾厚，遠景山色濃
郁，相互輝映而有光源耀動的樣子；近景江岸滔滔捲起千堆雪，
氣勢雄渾奔放，雪意蒼茫，寒氣逼人。畫面有著真山實水的生動
氣韻，是一幅大青綠寫意「無拘管放潑底」寒冬雪景圖。

15. 山村清夏
Bright Summer Day in a Mountain Village

紙本　潑墨　鏡片　45×60 cm　1973
款識：癸丑六月，大千居士爰。
鈐印：張、大千。
退一步齋收藏

　　這幅畫作不施青綠重彩，僅以潑墨寥寥揮灑，而畫面中之空
間遠近，小橋流水，村落人家，其筆法墨法之施用渾然天成，一
片清新生動之山水面目；畫家筆墨功力之神韻，非凡俗可及。

　　此作雖以現代風格之潑墨技法表現，卻加上具象之筆墨符
號，如屋宇、林木、平坡、土石、舟橋、水草等圖象，以引導觀
者進入其可遊可居之中國山水境界。由是可知，畫家從未以創新
改革中國畫之立場自居，張大千乃由此與深受西方抽象意念影響
的當代中國水墨畫風之創作方向大相逕庭。

16. 慈湖圖

Tz'u-hu

紙本　水墨潑彩　鏡片　90×180 cm　1976
款識：慈湖圖 六十五年三月，張爰恭製。
中國國民黨黨史館收藏

　　此作是描繪故總統蔣中正在桃園大溪陵寢之所在的慈湖。慈湖背山面水，風光寧靜優美；在張大千傳統觀念的心目中，蔣介石是代表著家國天下一般的神聖人物。因此除了描繪出慈湖山水的優美以外，畫家必須要設法呈現出一個偉人的莊嚴神聖意義。因此他在潑墨暈染的山水畫面中，營造出蒼茫深邃的意境，並特別在山頭上施用了兩處妍麗純淨的青綠色彩。這兩塊青綠色澤彩度極高，有如藍綠寶石一般地光彩奪目，在畫面上特別提神搶眼。這兩處青綠色彩具有宗教性極強的神聖象徵意義，宛如佛相菩薩背後的圓光；因此無論是在外在的表現技法（青綠色彩），或是內在宗教性的象徵意義（法相莊嚴），都有著來自於敦煌佛教藝術的深刻影響。

　　此作具有深度佛教藝術理念之感染，已超越傳統中國山水畫之內涵境地，而賦予畫面新的深度，可謂將儒、釋、道三家之精神內涵相融於氣勢磅礴山水畫作中，或可詮釋如下：墨韻精鍊溫潤，層層疊染，循序漸進，絕無粗野狂狷之氣，筆墨隨心所欲不逾矩，乃入「中庸」之境，可謂「儒」者；雲山蒼茫，煙嵐輕動，呈現出宇宙間客觀的自然生命，以達物我兩忘的老莊精神，是謂「道」者；納奇幻眾生法相之大千世界於山林氤氳中，呈現「法相莊嚴」之宗教意境，乃為「釋」者。

　　當然，或許並不是所有的人都像張大千一樣崇敬故總統，然而這其中所顯示的重要意義是：畫家能夠充分消化敦煌佛教藝術的影響，同時另出面目融會貫通地開創新的山水境地。無論如何，不能否認畫家於此作中用了十分突破創新的大膽手法，使這幅山水畫呈現了極高的藝術水準；畫面中氣勢磅礴，莊嚴幽靜的山水意境，也著實令觀者驚嘆感動。

17. 古漢柏
Ancient Cypress

紙本　潑彩設色　鏡片　104×192 cm　1979
款識：鄧尉清奇古怪四漢柏。六十八年元月，八十一叟，爰。
鈐印：己未、張爰之印、大千居士。
台北私人收藏

　　古人畫松柏，講究的是要「清、奇、古、怪」四訣，這其中
包含著外在造型，也蘊含著內涵氣質。若以人擬之，氣質要
「清」，豈能混濁？要能超脫平庸，不同流俗謂之「奇」；要能歷
經風霜歲月，才能醇厚謂之「古」；造型特異古拙，稀奇難得謂
之「怪」。得此四者，乃入畫松柏之高古境界。古人畫此，多以
筆墨線條之精勁奇崛勝，大千此作乃出以潑墨潑彩之現代新風
格，是以色彩造型之空間意象勝，再繼以筆墨強化與輪廓收拾，
其於「清、奇、古、怪」之畫意再創新境。

171

18. 秋山圖
Autumn Mountains

紙本　水墨設色　鏡片　68.5×134.5 cm　1983
鈐印：大風堂、摩耶精舍。
上有張群、臺靜農題跋，跋文略。
台北私人收藏

　　傳統中國山水畫有所謂「秋景山水」一類的主題，張大千承
衍古人類似之作，描寫光輝夕照景致動人。此作與仿古青綠沒骨
山水亦頗有脈絡相屬的關係，只是潑寫兼施，先以潑墨作底，但
再以細筆收拾，回歸古典傳統之具象寫實風格，有真山實水的氣
韻，與七〇年代間較具抽象意味之墨彩風格頗見差異。

173

花顏
畫荷能手
The Face of Flowers –
An Outstanding Painter of Lotus

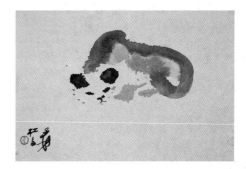

1. 紅荷
Red Lotus

紙本　設色　立軸　81×43.5 cm　1940
款識：庚辰九月，翼之二哥命寫，以頌錫光仁兄嘉禮。大千張爰。
鈐印：張爰之印、大千。
台北私人收藏

　　張大千年輕時，曾懾服於晨曦照耀下的滿池荷花，且留下深
刻印象，往後便經常追憶此景，喜作「紅荷」。本幅他以寫意法
作荷葉，利用濃、淡墨色的交錯滲破預留出葉脈的空間，再作線
條勾勒。荷花則用朱紅、朱砂等重色作妝點、勾瓣，紅與黑的強
烈對比，甚為顯眼。

2. 四軸聯屏大墨荷
Ink Lotus

紙本　水墨設色　立軸　358×596 cm　1945
款識：忽報收京杜老狂，笑嗤強寇漫披猖。眼前不忍池頭水（不忍池在
　　　東京，荷花最盛。昔居是邦，數賞花泛舟。）看洗紅妝解珮裳。
　　　七月即望，日本納降，收京在即，此屏裝成，喜題其上。爰。
再題：一花一葉西來意，大滌當年識得無？我欲移家花裡住，祇愁秋思
　　　動江湖。兩京未復，昆明、玄武舟渚之樂，徒托夢魂。炎炎朱夏
　　　便有天末涼風之感。乙酉六月，避暑昭覺寺漫以大滌子寫此並
　　　題。大千居士爰。
鈐印：己亥己巳戊寅辛酉、大千豪髮、西蜀張爰之鉨、峨眉雪巫陝雲
　　　洞庭月、大風堂、浪花無際似清湘、大千居士
國立歷史博物館收藏

　　此作據張大千的題跋「以大滌子（石濤）寫此」，說明他是
採石濤筆意。但全作寫意中帶有工筆筆法，基本上融合了不同的
風格來源，其一為文人的寫意傳統；其二則是專業畫師的工筆傳
統。就前者，大千又有兩個重要的學習來源。當中荷花用重墨提
尖的方式，荷葉和部分背景選擇以淡赭、淡青作為設色的基調，
應是師法石濤。然而荷葉以紛披的筆法，逐層皴染，荷桿採大篆
筆勢，筆調頓挫有致，則是取自八大。另外，就全作尺幅浩大，
構圖精密，荷瓣濃、淡的雙層敷墨和精準的線描看來，則是取經
敦煌的成果展現。

178

2. 四軸聯屏大墨荷 Ink Lotus

紙本　水墨設色　立軸　358×596 cm　1945　國立歷史博物館收藏

忽報收京扯
狂喜臨殘涎渙
擴悵眼前不足
池頭水
鵝裳
正舟看洗紅粧胖
一月晚望日本
在印此屏簽成其越
大上

181

3. 猗猗脩竹
Bamboo

紙本　設色　立軸　160.5×78.5 cm　1947

款識：猗猗脩竹，不卉不蔓，非草非木。操挺特以高世，姿蕭灑以拔
俗。葉深翠羽，幹森碧玉，孤生泰山之阿，千畝渭川之曲，來清
飆於遠岑，娛佳人於空谷。觀夫臨曲檻、俯清池，色侵雲漢，影
動漣漪。蒼雲夏集，綠霧朝霏，蕭蕭雨沐，裊裊風披，露鶴長
嘯，秋蟬獨嘶，金石間作，笙竽雜吹。若乃良夜明月，窮冬積
雪，揮石上之陰，聽林間之折，意參太古，聲沈寥泬，耳目為之
開滌，神情於以怡悅，蓋其媲秀碧梧，託友青松，蒲柳慚弱，桃
李羞容。歌籊籊於衛女，詠淇澳於國風。故子猷吟嘯於其下，仲
宣息宴於其中，七賢同調，六逸齊蹤，良有以也。又沈鳴嶰谷之
鳳，化葛陂之龍者哉。至於虛其心，實其結，貫四時而不改柯易
葉，則吾以是觀君子之德。趙文略敏脩竹賦。丁亥二月沱水村居
有叢竹之勝，朝暮息宴其下，翠沾衣襟，清風時至，塵慮為開，
漫以宋人雙鉤法寫之幷錄此賦。大千居士張爰。

鈐印：張爰、大千大利。

台北私人收藏

張大千《寫竹》一文曾提及：「竹法有雙勾寫意兩種，雙勾
那就是用細線條勾成輪廓，然後再填色，這是工筆畫竹，必要充
分了解竹的生長狀態和結構。」本幅他即用宋人的雙鉤法描繪枝
繁葉茂的脩竹，並且字斟句酌地表現每個細節，如左發枝定右發
芽，非常成功地演繹畫竹之理。

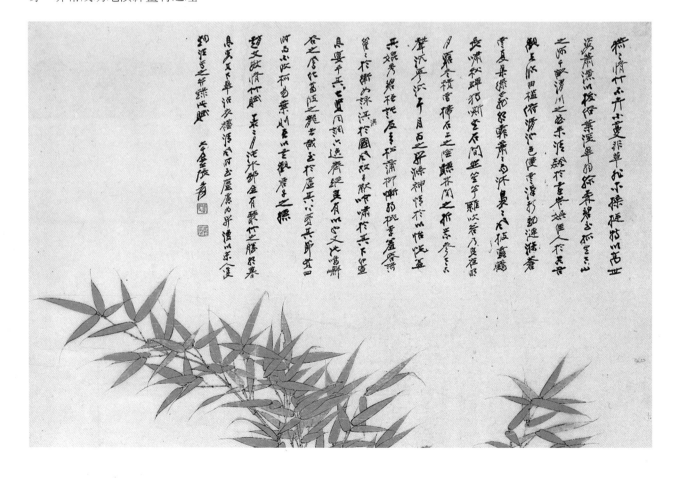

182

4. 芍藥
Paeonia

紙本　設色　立軸　69.4×28.6 cm　1948
款識：戊子七月二十一日，企何老弟冒暑遠來存問，意氣勤懇，談笑甚
　　　歡，乘興乘筆為圖二紙以記一時樂事，明日予又將南登峨嵋也，
　　　爰。
鈐印：張爰私印、大千。
國立歷史博物館收藏

　　芍藥的花葉與牡丹相似，張大千除了喜畫牡丹也愛畫芍藥，
但表現方法略有不同，主要以軟筆為之。作此畫時張大千隔日將
登峨嵋，適逢老友前來探訪，故特別以名為「將離」或「可離」
的芍藥贈別友人，記述歡聚將別之情。

5. 蔬果花卉雜冊

Sketchbook Containing Paintings of Vegetables, Fruits and Flowers

紙本　水墨設色　冊頁　每開約19.7×28.1 cm
國立歷史博物館收藏

　　「四君子」的畫題經常出現在張大千的小品雜冊中，如何表
現亦自有定見。他認爲畫梅須老幹如鐵，枝柯樛曲，才能描寫出
梅耐寒喜潔的性格；畫蘭要注重撇葉的安排；畫菊得先畫花瓣，
明瞭花朵的組織；畫竹應先寫竹竿，從上寫下，像字一樣。此一
開冊正可顯見張大千如何實踐他的畫藝。

第一開

款識：爰杜多。

鈐印：張爰之印信。

第二開

款識：爰老人。

鈐印：三千大千。

第三開
款識：大千學人。
鈐印：張季。

第四開
款識：大千真迹。
鈐印：張爰印信。

第五開

款識：癸卯之七月爰翁。

鈐印：張郡張爰。

第六開

款識：大千老子。

鈐印：張爰之印。

6. 花卉松竹雜冊
Sketchbook Containing Paintings of Flowers, Pine Trees and Bamboo

紙本　水墨　框　每開約39.5×26.8 cm
國立歷史博物館收藏

　　張大千曾說：「作畫要明白物理、體會物情、觀察物態。這才算到了微妙的境界。」另外，他對《廣群花譜》這類討論花卉形態和特性的書亦十分嫻熟。在此冊，張大千極盡墨分五彩之能事，透過一開開的小品，可以看到他如何在「寫生」、「筆墨」、「意境」這三者間取得平衡，小中現大。

第一開
款識：爰翁。
鈐印：大千。

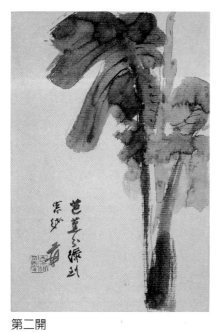

第二開
款識：芭蕉分綠到窗紗。爰。
鈐印：大千唯印大年。

第三開
款識：爰翁大風堂涉事。
鈐印：大千唯印大年。

第四開
款識：小園笋苗，戲為此紙。爰。
鈐印：大千唯印大年。

第五開
款識：大千居士寫於大風堂。
鈐印：大千、張爰。

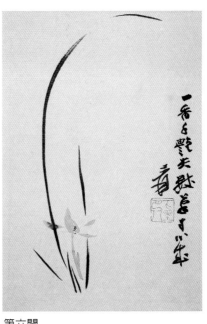

第六開
款識：一香千艷失，數筆寸心成。
　　　爰。
鈐印：下里巴人。

第七開

款識：當年二謝無才思，不賦菊花九
　　　日詩。爰杜多。
鈐印：大千唯印大年。

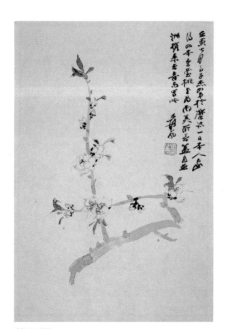

第八開

款識：壬寅七月與子杰四弟於摩詰，
　　　一日本人家得四本重臺桃花，
　　　為南美所無，蓋自亞洲攜來
　　　者，喜而寫此。爰翁。
鈐印：張爰之印。

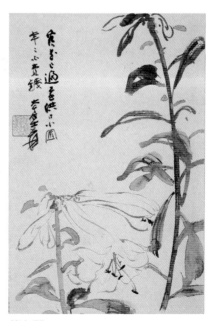

第九開

款識：看花已過還供口，小圃年年不
　　　費錢。大千居士爰。
鈐印：張爰之印。

7. 雜冊
Doodlings

紙本　水墨設色　冊頁　每開24×35.5 cm　1954
台北私人收藏

　　本冊乃張大千在日本居停期間爲老友臺靜農而寫。共十二
開，四時花卉，翎毛鳥魚俱備，或設色，或水墨。雖然張大千認
爲此冊只是病癒遣悶的隨筆之作，謙稱「病後心情殊不能佳」，
但事實上，寫來神完氣足，每一開都悉力以赴，畫中狀物傳神，
筆墨酣暢飽滿。

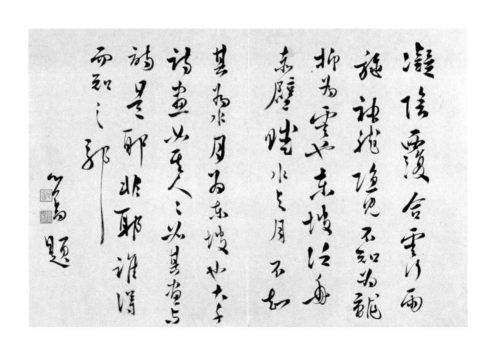

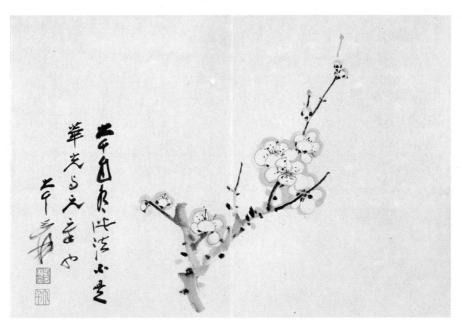

第一開

款識：大千自有此法，不是華光與元章也。大千爰。

鈐印：張爰私印、大千。

Cat. 16-2

第二開冊

款識：清湘題雪簡水仙云：興到寫花如戲影。吾此作不當視為離魂倩女耶！發
　　　靜農一笑。爰。

鈐印：張爰之印信。

第三開

款識：昔遊華山青柯坪，谷中剪秋蘿絕淒艷。曾拈小詞，今不復記憶矣。大千
　　　居士。

鈐印：張季。

第四開

款識：予花卉初從白陽山人入手，三十年來亦不自知其變也。

鈐印：蜀郡張爰、三千大千。

第五開

款識：大千居士爰。

鈐印：張爰之印、大千鉥。

第六開

款識：茶已熟，花正開，賞秋人，來不來？爰杜多。

鈐印：張爰印信、大千。

第七開
款識：此日人所謂鱒也，於日光菖蒲濱見之。大千居士爰。
鈐印：張爰、大千居士。

第八開
款識：此效蜀僧法常也。爰。
鈐印：大千居士。

第九開

款識：大千戲為之也。

鈐印：張爰。

第十開

款識：紅了櫻桃，綠了芭蕉。此妙語竟成畫家爛格，大千亦不復免，靜農當必
　　　大咲也。

鈐印：張爰之印、大千居士。

第十一開

款識：靜農老弟屬書索畫，病後心情殊不能佳，莫嫌草草也。甲午三月大千
　　　爰。

鈐印：張爰私印。

第十二開

款識：畫成既題署，侍兒謂尚餘一頁，興已闌，手亦倦，無暇構思，即對影為
　　　此。是耶？非耶？靜農何從而知之耶？大千漫墨。

鈐印：張爰、大千鉨。

8. 觀物之生冊
Scene from Nature

紙本　水墨　冊頁　每開24×35.7 cm
國立歷史博物館收藏

　　在這一開冊包含了花卉、動物、蔬果、竹石等多樣題材。張
大千用極簡單的構圖，與極簡淡的筆墨，將繁複的意象造型加以
提煉、簡化。雖只是寥寥數筆，物態便已具足。這樣的藝術境
界，若畫家沒有足夠的藝術修養是不易做到的，張大千除了叫人
折服於其筆下功夫外，他的畫外功夫同樣令人敬佩。

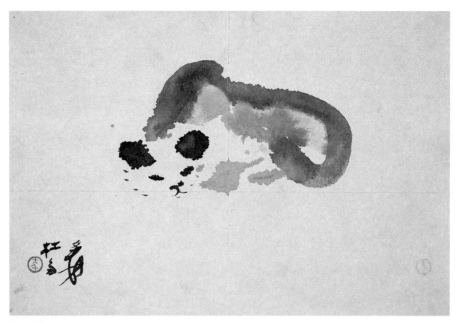

第一開
款識：爰，杜多。
鈐印：大千。

第二開
款識：大千居士爰。
鈐印：張爰私印。

第三開

款識：謝豹笋和謝豹蝦，山園更有好王瓜，吳娘挽袖舒纖手，自伴春盤薦洒拉。

　　　南中八月正我園初春也，爰。

鈐印：張爰。

第四開

款識：大千居士，爰。

鈐印：大風堂。

第五開
款識：張爰大千父。
鈐印：張爰大千父。

第六開
款識：水鄉風味，爰。
鈐印：張爰之印。

第七開
款識：爰。
鈐印：三千大千。

第八開
款識：壬寅七月大千居士爰寫於八德園。
鈐印：張爰。

第九開
款識：大千逸者寫於摩詰山中。
鈐印：大風堂。

第十開
款識：爰。
鈐印：張爰長壽大吉又日利。

第十一開
款識：爰翁。
鈐印：張爰長壽。

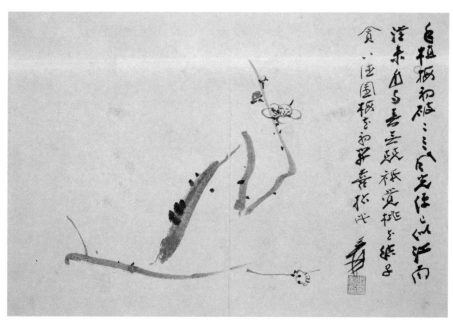

第十二開
款識：手植梅初破二三，風光便已似江南，從來自與春無競，祇覺桃花結子
　　　貪。八德園梅花初開喜拈此，爰。
鈐印：張爰私印。

9. 紫蓮花
Purple Water Lotus

絹本　設色　鏡片　52×45 cm　1956
款識：朱闌過雨黃月(生)，綃衣初試五銖輕，稍憐翠珮紅妝句，不稱江
　　　妃出浴情。丙申初夏寫於巴黎。蜀人張大千爰。
鈐印：張爰私印、徐氏小印。
台北私人收藏

　　《大千畫說》曾提到：「花卉當然要推宋人為第一，畫的花
卉境界最高」。本幅設色嫻雅，用筆工緻。花瓣皆用細線勾描出
質感；荷桿亦是上下相錯，左右揖讓地利用上剔的打點，凸顯立
體感；加上花蕊生動的點線。張大千將花容、花色表達得婉約秀
麗，充分呈現宋元人的寫生絕技。

10. 香遠益清
Fragrance of Lotus Flowers

紙本　水墨設色　立軸　192.2×102.2 cm　1960

款識：輕送蘭舟隔遠天，鱗鱗波漾畫簾前。月明南浦西風起，不照鴛鴦
　　　相並眠。庚子六月十一日寫於摩詰山園，大千先生。

鈐印：張爰、大千居士。

台北私人收藏

　　張大千畫荷極重荷桿，畫法主要有兩種。一種是提筆沿著桌
緣移動身軀寫出；一種則是一筆由上往下，一筆由下往上，利用
墨的濃淡乾濕作爲銜接。本幅可以見到張大千將荷桿與水草作不
同層次的穿插和交錯，以及如何運用外緣向內舒展的面狀荷葉製
造畫面的動勢。

211

11. 出水荷花
Lotus Growing in the Water

紙本　水墨　鏡片　31.1×39.1 cm　1962
款識：塘坳閒意思，池面好豐神，爰。
鈐印：大千唯印大年。
國立歷史博物館收藏

　　此作以墨筆點寫，極盡荷花秀麗娉婷之態。荷花以淡墨寫荷
瓣、蓮蓬，花心以焦墨勾點。一片荷葉橫擴整個畫面，淡墨寫出
莖幹，重墨勾寫花莖、葉脈。透過濃淡對比、線面交錯的筆墨運
用，將通幅描繪的清麗出塵，讓人有碧葉白荷的色彩錯覺。

塘坳間意思也更好

車神

12. 水殿暗香
Lotus Scroll

紙本　水墨　手卷　45.4×773.8 cm　1962
款識：菡萏香遠十頃陂，無瀾無浪好漣漪。夜來定有鴛鴦宿，分付西風
　　　莫漫吹。壬寅七月寫於三巴摩詰山園，蜀人張大千爰。
鈐印：張爰私印、下里巴人、家在西南常作東南別、大風堂。
國立歷史博物館收藏

　　張大千畫荷獨步當代，精作無數，唯手卷之表現較爲少見，
本幅堪稱代表。畫中他將連貫性之時間、空間，上下左右不同的
視點納入同一視覺領域，由各個角度呈顯荷花的枝葉和姿態。花
葉由右方起勢昇起下墜，再連續延伸上下起落，緊密後隨之疏
放，節奏緊湊且富韻律感，猶如風舒雲卷，一氣呵成。

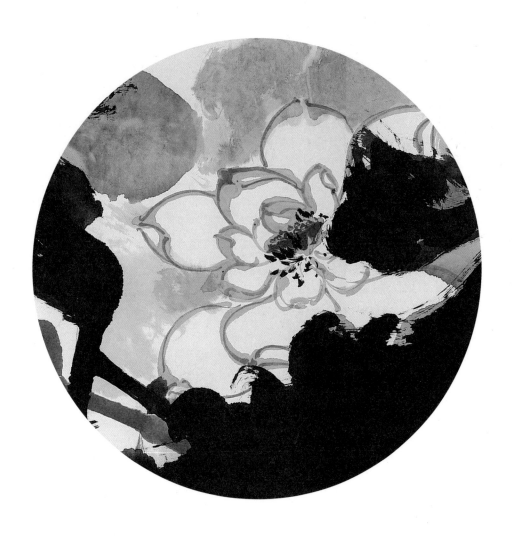

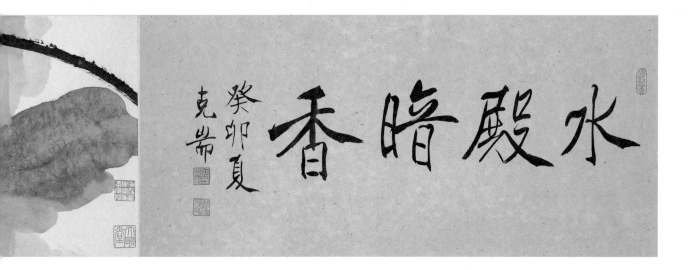

水殿暗香

癸卯夏
克端

13. 櫻桃芭蕉
Cherry and Plantain

紙本　設色　鏡片　13×9.5 cm
款識：流光容易把人拋，紅了櫻桃，綠了芭蕉。子杰囑寫宋人語，爰。
鈐印：大千居士。
國立歷史博物館收藏

　　本幅張大千藉由宋人蔣捷的詞，以櫻桃和芭蕉這兩種植物的
顏色變化，將時光的流逝轉化爲具體的形象，抒發年華易逝，人
生易老的感嘆。畫中以斜向的蕉葉作爲橫互，葉面趁濕加勾脈
絡，使其自然的暈染。左上及右下角分別以濃淡層次的朱紅寫櫻
桃，以焦墨勾勒幹枝和葉脈，十分妥貼地表現筆墨的質感和情
態。

14. 牡丹
Peony

紙本　設色　鏡片　45.1×60 cm　1965
款識：大千居士信手拈此，自謂於物理，物情，物態頗為有得。
鈐印：乙巳、張爰長壽、大千富昌大吉。
國立歷史博物館收藏

　　畫花卉能將「清雅」與「妍麗」兩種不同的特質一起呈現，
是張大千獨具的當行本色。此作落筆極為快速，花莖反向出枝，
造成畫面平衡而緊張的拉力。花葉用重墨洋紅勾點莖脈，倍顯精
神。另外，設色淡雅出塵，特別能突顯牡丹明艷照人的氣質。

15. 牡丹
Peony

紙本　水墨設色　冊頁　18×49.5cm　1963
款識：癸卯初夏似式一道兄教正，大千張爰。
鈐印：張爰長年大吉又日利。
台北私人收藏

　　牡丹花色澤鮮麗穠艷，象徵著富貴人家的豐滿吉祥，故又稱
「富貴花」；唐代以來更蔚爲國花，是中國人一向所激賞盛行的
花卉，故畫家常以之入畫，張大千自不例外，在此他主要是仿青
藤、白陽水墨寫意的畫法作設色牡丹，通幅水墨淋漓，不拘陳
法。

16. 白蓮
White Lotus

紙本　水墨設色　鏡片　47.5×184 cm　1966
款識：明月曾呼白玉盤，多情更追玉闌干，香吹一夜西風冷，水殿羅衣
　　　作許寒。此予三十年前舊詩，友人為誦之，固寫。丙午四月朔。
　　　爰翁。
鈐印：大千唯印大年、三十六坡秋色、下里几人。
台北私人收藏

　　此作構圖奇絕大膽，氣勢雄匹，先以墨韻營造水月光影之氛
圍，於輕淡朦朧的墨色中，再突然從右方凌空下筆通過一枝重墨
荷桿，不但產生強烈的視覺效果，且強化畫面之動勢，形成一股
緊張之拉力。左右兩側原本作為平衡畫面動勢的白荷，在重墨的
荷桿、荷葉反襯下，更顯冷艷出塵。

17. 潑墨荷花
Lotus with Splashed Ink

紙本　水墨設色　鏡片　128×244.5 cm　1968
款識：白板小橋通碧塘，無欄無檻鏡中央，野香留客晚還立，三十六鷗
　　　世界涼。戊申六月既望，病起晴窗弄筆，心神一快，爰翁五亭湖
　　　上。
鈐印：西川張爰、金石同壽。
立法院收藏

　　張大千畫荷擅長以挺勁的荷幹取勢，再以正側俯仰的荷葉配
景，平衡畫面，本幅的構圖即用此法。脩瘦的荷梗與碩大的荷葉
穿叉交錯，互破互補。水墨設色和青綠潑彩交疊點染，渾灝一
片，最後搭配濃淡墨色勾出的朵朵白蓮，形成畫面強烈的形相和
色調反差。

225

18. 鉤金紅蓮
Fragrance of Lotus

紙本　水墨設色　鏡片　94×175 cm　1975
款識：水殿風來暗香滿。六十四年十二月臘八日，環蓽盦風日晴美，旋
　　　即歸國，心曠神怡，乘興揮此，無人無我，無古無今，擲筆一
　　　嘆。爰杜多。
鈐印：張爰大千父、大風堂、乙卯、一切惟心造、大千世界。
台北私人收藏

　　張大千愛荷、賞荷，以荷花為創作對象的作品，基本上貫穿
他整個創作生涯。本幅為其晚年得意之作，當時張大千居於加州
環蓽盦，想到即將返台定居，心情特別暢快，遂以曠絕古今的豪
情揮筆寫此。畫中濃艷朱荷用泥金勾勒，小心經營以彰顯其貴
氣；荷葉及池塘則以潑彩暈染，氣勢磅礡，在工筆與寫意之間達
到了和諧與平衡，並獨闢新貌。

19. 國色天香
Peony

紙本　設色　成扇　16×48 cm　1978
款識：六十七年秋寫似文筠夫人法教，八十叟爰摩耶精舍。
鈐印：春長好、張爰、大千居士。
台北私人收藏

　　牡丹尊爲花中之王，被稱爲「國色天香」。然而牡丹花雖美
卻極難畫得好，原因是若將它畫得富麗穠艷時，往往會落於俗麗
不堪。本幅賦色淡雅，筆墨恣肆奔放，左邊一朵盛開綻放，右邊
一朵含苞未開，兩相輝映成趣，充分呈顯牡丹獨特的花容葉色。

20. 青綠潑彩荷花
Lotus with Splashed Colors

紙本　青綠潑彩　鏡片　134.5×66.5 cm　1980
款識：露濕波澄夜未遙，冰肌怯暑未全消。空明水殿冷冷月，翠袖殷勤
　　　手自搖。六十九年夏五月。摩耶精舍寫，並題。八十二叟爰。
鈐印：張爰之印、大千居士、庚申。
台北私人收藏

　　張大千先生自六〇年代創潑彩技法，至八〇年代可謂得心應
手，技巧純熟，已經能廣泛地應用到各類題材。本幅著意表現夏
日雨後荷塘的濕冷，畫面潑寫兼施，墨彩相融，當中墨暈流動所
造成的特殊肌理，更營造出露濕沁涼，水氣迷濛的氛圍。

露滌波澄態本來遷冰肌怯暑未全消大明
水殿浴々日果袖殿勤々月揑
今人年
夏五月廣郡賴舍雪芥題
八十二芯叟

231

21. 荷香留客晚
Fragrant Lotus

紙本　潑墨潑彩　鏡片　138.5×70 cm　1981
款識：白板小橋通碧塘，無闌無檻鏡中央。野香留客晚還立，三十六鷗
　　　世界涼。七十年歲在（辛酉）之十月既望，八十三叟爰，台北外
　　　雙溪摩精舍。
鈐印：張爰、大千居士、辛酉、直造古人不到處、摩耶精舍。
台北私人收藏

　　張大千曾說作畫：「得筆法易，得墨法難；得墨法易，得水
法難。」本幅先以墨色渲染打底，營造空間明暗，再以濃墨揮寫
荷葉，淡墨勾寫荷瓣，重墨寫花莖、水草，並趁水墨暈濕未乾之
際施以青綠重彩，可謂將筆法、墨法、水法融於一爐。

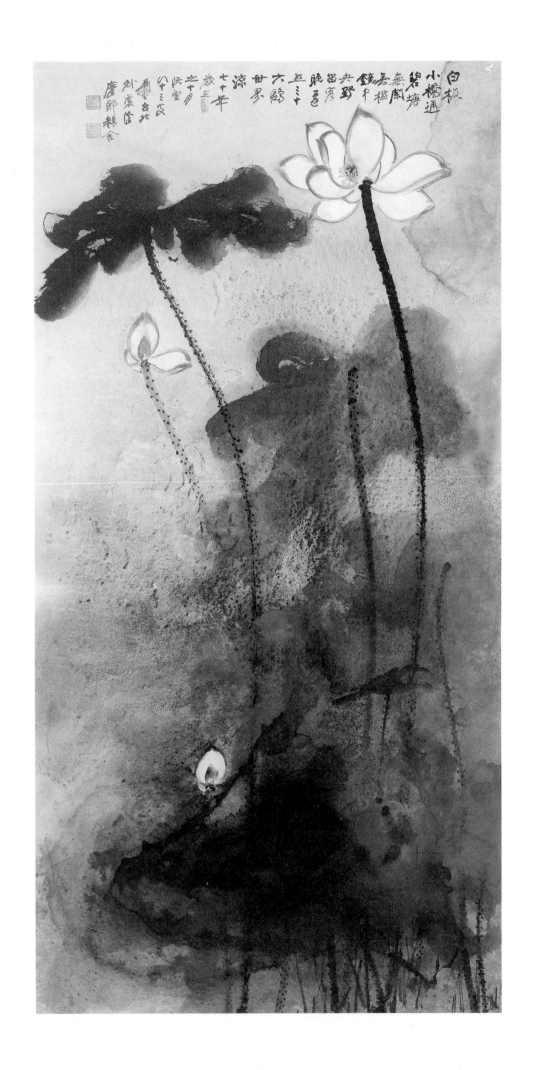

233

22. 丈二荷花
Tall Painting of Lotus

紙本　水墨　立軸　340×152 cm　1982
款識：花如今隸莖如籀，葉是分書草草書，墨落一時收不住，任識老子
　　　作狂且。壬戌嘉平月初三日，摩耶精舍寫並書二十年前俚句於
　　　上。八十四叟爰。
鈐印：大千居士、一切唯心造、大千豪髮、己亥己巳戊寅辛酉。
台北私人收藏

　　或許是想證明自己寶刀未老，高齡八十四的張大千仍竭力完
成此高達三公尺半的巨幅荷花。這幀墨荷不同於他生平以華麗奔
放見長的荷花諸作，反倒有一種沉潛深厚的底蘊。在筆墨上，張
大千回歸八大山人（1626-1705）渴筆畫荷之傳統，只見花莖瘦
奇，荷葉草草，荷花宛若返璞歸眞，滌盡鉛華。

23. 雨荷
Lotus in the Rain

紙本　水墨潑彩　鏡片　68×135.8 cm　1982
款識：曉來閒立廻塘，一襟香。玉颸雲鬆風外、數枝涼。七十一年，歲
　　　在壬戌之秋，拈吾家功夫語，寫似德麟尊兄教正，大千弟爰。
鈐印：張爰之印、大千居士、壬戌。
台北私人收藏

　　張大千以畫荷知名，而歷代畫荷的高手名家亦不知凡幾，然
而卻獨有張大千以「雨荷」為作畫之主題。由於雨中空氣清冷，
花葉較平時大為舒放盛開，反倒能彰顯出荷花露濕帶雨，生意盎
然的自然特徵。因此畫雨中之荷，實有獨具之慧心手眼。本幅潑
寫兼施，墨彩相融，將荷花在雨中舒展綻放的情韻描寫得絲絲入
扣。

237

張大千看張大千

Looking at Myself –

Chang Dai-Chien's Self-portraits

1. 三十四歲自畫像
Self-portrait

紙本　水墨　立軸　20.4×24 cm　1932
款識：壬申二月八日，漏已三下，篝燈自寫三十四歲小象，愴然南望，
　　　不勝歸思矣。蜀人張爰。
鈐印：大千居士、阿爰。
台北私人收藏

　　中國歷代的畫家很少像西洋藝術家那樣熱衷於描繪自己的形
象，張大千是少數的例外，曾畫過上百幅自畫像。他經常使用側
面取影的方式來形塑自我形象，本幅即屬之。畫中張大千側身站
立，雙手交握於背後，頭上抬，目光仰望著遠方，或許是因為鄉
愁，所以眼神透露著淡淡的憂傷！

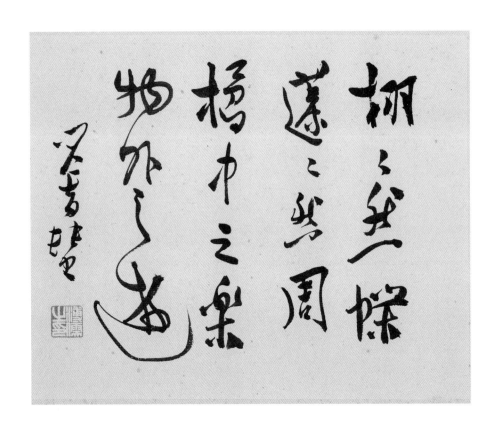

壬申二月廿一日漏已三下冀於自寫三十四歲小象幀

坐雨望不勝歸思矣

寫於張身

2. 以寫我憂之二
Unease (2)

紙本　水墨設色　冊頁　42.1×59.8 cm　1957
款識：吾今真老矣，腰痛兩眸昏。藥物從人乞，方書強自翻。
　　　遠思焚筆硯，長此息丘園。異域甘流落，鄉心未忍言。
　　　此得目疾半年來第一次作此細書也，吾子杰四兄以為似往昔否？
　　　丁酉年十二月，弟爰。
鈐印：大千父。
國立歷史博物館收藏

　　此幅係畫家自畫像中極為重要的一張，畫中頗多細筆，勾寫出張大千正在讀書的身影，眉目鬚髮生動自然；左方瓶座中插著歲寒的三種花卉：水仙、紅梅、細竹，意境幽靜清雅。落款詩作透露張大千落寞抑鬱的心境，因為病痛中加上思念故國，流落異鄉的苦悶心情，教他禁不住地想要毀棄作畫的工具。

3. 大千狂塗（一）之十二「我同我的小猴兒」
Silly Pictures (1) Me and My Monkey

紙本　水墨　冊頁　24×35.7 cm　1960
款識：我同我的小猴兒。
鈐印：大千居士。
國立歷史博物館收藏

　　張大千曾說他是黑猿轉世，並認為猿在所有動物中最有靈
性，故對猿鍾愛有加。因「猿猴同稱」，他畫猿仍以猴命之。基
本上，張大千三十餘歲就開始畫猿，也曾經飼養過，所以他對猿
的觀察，主要出自於日常生活的體會和認識。本幅張大千呈四分
之三的側像，一旁依偎著毛茸茸的小猴，狀似親暱。

4. 四十九年自畫像
Self-portrait in 1960

紙本　水墨　立軸　57×30.8 cm　1960
款識：四十九年造像題奉君璧老長兄留念。丁亥二月二日，弟爰同在漢
　　　上。
鈐印：張爰之印、大千。

台北私人收藏

　　據說張大千因為「不欲他人因他年輕而輕視之」，26歲就刻
意蓄鬚，而他自畫像中最明顯的特徵就是那一臉濃密的美髯。畫
中張大千早年豐盛的頭髮雖然僅稀疏的剩下幾根短毛，眼神也由
年輕的自信飛揚轉為沈穩內斂，但濃淡墨交錯層疊的美髯，依舊
飄揚生動。

四十九年還家劇華
老鐔者長此馬舍
戊寅二月盲叟
同左瀛上

245

5. 自畫像
Self-portrait

紙本　水墨　鏡片　31.2×39.3 cm　1962
款識：大千居士自畫小像，時年六十有四也，壬寅四月。
鈐印：大千唯印大年。
國立歷史博物館收藏

　　張大千經常在自己農曆四月生日時作自畫像。本幅他化身為
蘇東坡，佇立於喬松峭壁前。整幅畫的構圖十分特別，張大千利
用斜切的喬松營造畫面的空間感，左下角松根與矮松環繞著他佇
足的小坡地為主要的近景，前方的峭壁則為遠景，而畫面大量的
留白，更增添無垠的空間感。

6. 自畫像
Self-portrait

紙本　水墨　鏡片　42.5×35 cm　1965
款識：歲乙巳佛生日，與四弟子杰同遊阿衡湖留連不忍去，因宿其間，
　　　設筆硯遣興為此，爰六十七矣，子杰小於予一歲并記之。
鈐印：張大千長年大吉又日利。
台北私人收藏

　　張大千的自畫像除了具有紀念意義外，也作社交用途。他不
僅在自畫像中記述他和朋友的情感，也常以之作為贈送的禮物。
本幅張大千用逸筆速寫的方式，記錄著自己的影像。因為對相貌
特徵默識於心，所以僅簡單數筆，張大千瞬間便描摹出肖似的形
貌與神態。

7. 自畫像
Self-portrait

紙本　水墨　立軸　136.6×61.8 cm　1965
款識：還鄉無日戀鄉深，歲歲相逢感不禁。索我塵容塵滿面，多君飢飽
　　　最關心。乙巳七月重游比京，子杰四弟索予自畫象，予年六十有
　　　七，弟亦六十六歲，俱垂垂老矣。擲筆慨然。爰。
鈐印：張爰之印、大千居士。
國立歷史博物館收藏

　　張大千十分地仰慕蘇東坡，是標準的蘇氏信徒。在張大千的
自畫像中，有時他會頭戴高帽（東坡巾），身穿大斗篷，自比東
坡。可以推想，對中國文學、傳統藝術浸濡深厚的張大千，其實
是透過這類的自畫像，將自己的心境寄寓於他所嚮往的理想人
物。

251

8. 有聖伯納犬的自畫像
Self-portrait with Saint Bernard

紙本　設色　立軸　172.7×93.4 cm　1970
款識：蜀人張爰大千筆，己酉嘉平月三巴五亭湖上。
　　　開歲庚戌因題此似贈先覺賢婿，爰翁。
鈐印：張爰、大風堂。
香港私人收藏

　　此幅自畫像是當年張大千送給女婿李先覺的新年禮物，畫面
前方畫了一隻他所鍾愛的聖伯納犬，生動靈活的姿態令人印象深
刻。在構圖上，張大千營造了一種景深的空間透視效果，很像現
代的攝影鏡頭。通幅僅用輕淡的筆墨設色，而人物勾寫、狗的體
態、蓬實的毛皮、精銳的腳爪，無不生動傳神，令人讚嘆畫家精
湛的筆墨與深刻的觀察。

253

9. 達摩
Da Mo

紙本　設色　立軸　99.5×54 cm　1982

款識：眉粗齒缺髮鬖鬆，道是西來鼻祖翁。一花五葉傳天下，直指人心
　　　在鏡中。（缺下脫髮字）。七十一年壬戌嘉平月寫呈晉三道長
　　　兄，敬頌癸亥開歲百福。大千弟爰。

鈐印：張爰之印、大千居士、壬戌、摩耶精舍、三千大千。

台北私人收藏

　　張大千的自畫像中，較為特殊的是他還曾作乞丐的裝扮或鍾
馗的模樣，在此他別出心裁地扮裝成達摩。據張大千的題款，本
幅是贈送老友馬晉三（1902-1998）的新年賀壽禮。1949年，政
權轉易，馬晉三東渡日本，在東京與莊禹靈、陳建民等合資開辦
四川飯店，大千先生為其座上客，彼此常有往來，交誼頗深。

眉相意共馨髮遒垂曲來
鼻祖名相一玉五榮傳三八五
指入心左鏡中缺下效髮掌
晉三道庚戈數頌癸未開歲百福
七十一叟爰翁寫呈
大千張爰

255

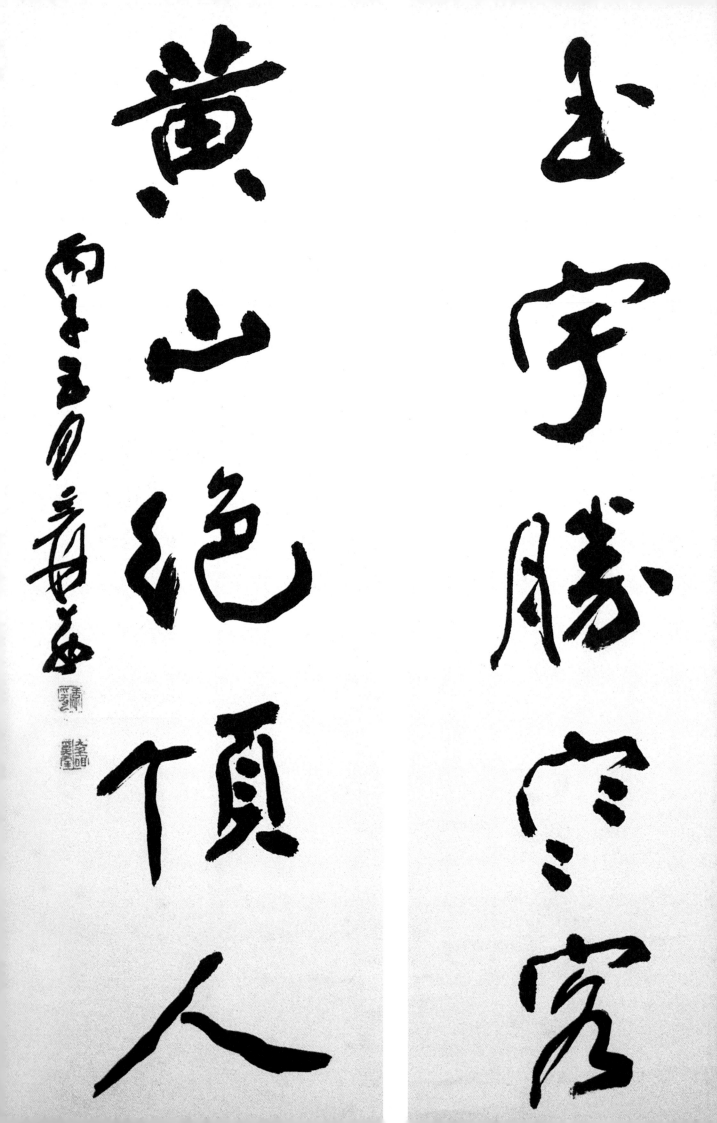

宇宙勝空寥

黄山絶頂黄

心畫
書如其人

Traces of the Soul –
Knowing Someone from His Calligraphy

1. 菜單
Menu

紙本　書本　22.5×30×3 cm　1962
款識：略。
國立歷史博物館收藏

　　張大千除了能詩賦、善書畫之外，也擅長烹飪，「大風堂」
更以精於飲饌聞名於世。此冊為張大千日常家居食用的菜譜，皆
親筆所書，部分菜肴還以小字附註烹調之細節。透過此「菜單書」
除了可以窺探張大千獨特的書藝外，更可以知悉張大千日常飲饌
的習慣與樂趣。

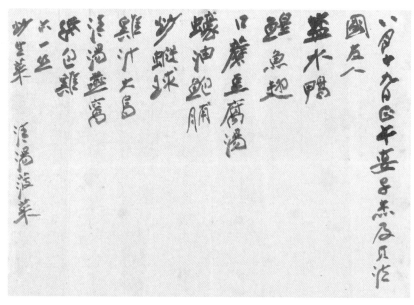

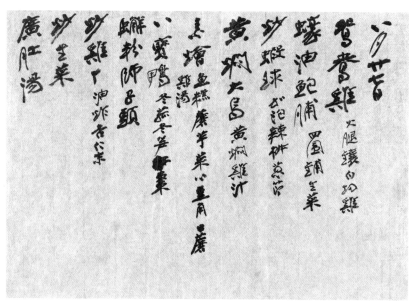

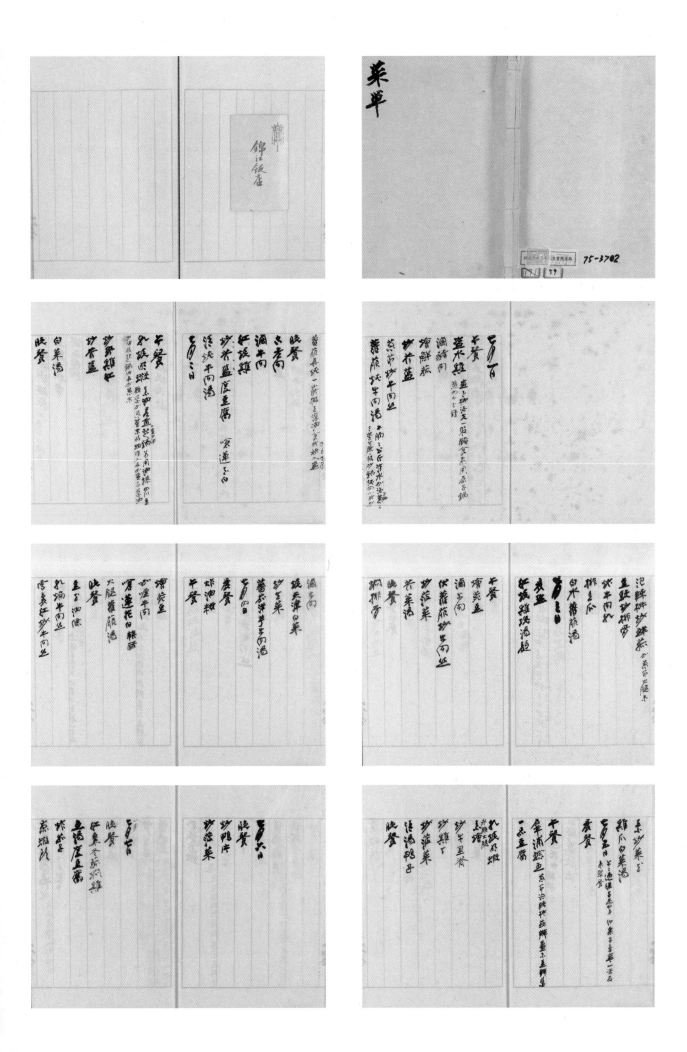

2. 「天璽堂」榜書
"Tian Xi Tang" – Calligraphy in the Large-character Script

紙本　橫披　151×78 cm
款識：愛棠仁兄得宋拓天璽紀功碑因為題此。大千張爰。
鈐印：張爰私印、大千居士。
台北私人收藏

　　張大千的書法主要奠基於篆隸魏碑的深厚根底，後再摻以黃山谷的結體筆勢，創造他自成一格的書體。他寫大字榜書尤見一種博大舒展的雄渾氣魄，筆酣墨飽之姿令人激賞，此作特別能顯見他精采渾厚之筆勢與力道。

3. 「重來」行書對聯

"Once Again" – Pair of Matched Scrolls
Bearing Calligraphy in the Running Script

紙本　立軸　136×32×2 cm　1966
款識：重來玉宇勝寒客，兩到黃山絕頂人。丙午五月爰翁。
鈐印：季爰、大千唯印大年。
國立歷史博物館收藏

　　黃山風景，移步換形，在中國的山水文化佔有重要地位，而
這「天造的仙境」是張大千一生畫不完的稿本，不僅曾出版《張
大千黃山畫冊》，還刻有「黃海歸來」、「二到黃山絕頂人」等印
章。在此他乃以行書對聯盛讚黃山這塊藝術瑰寶。

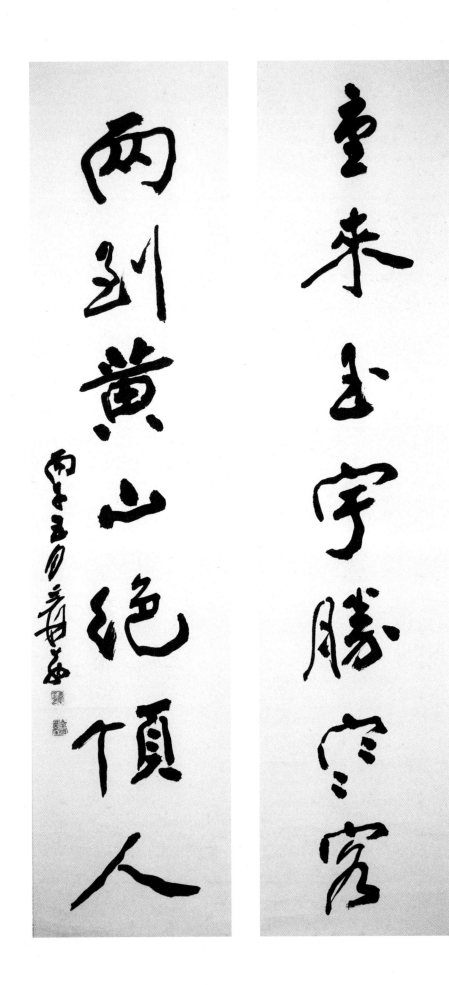

重來宇宙勝空空

兩到黃山絕頂人

4. 行書寶島

"Formosa" – Calligraphy in the Running Script

紙本　鏡片　30.5×16.5 cm　1979
款識：寶島。八十一叟爰。
鈐印：張爰之印、大千居士。
台北私人收藏

　　1976年，去國懷鄉的張大千決定回台定居，感於祖國的美好，寫下了「寶島」二字。在這簡單的二字，張大千不僅化點爲線，亦化線爲點，利用線質與點畫的巧妙組合，使「寶島」二字別具風貌。

5. 「奇石」行書對聯

"Oddly-shaped Rock" – Pair of Matched Scrolls Bearing Calligraphy in the Running Script

紙本　立軸　129×34×2 cm　1979
款識：奇石古於尊者相，野藤蟠坐素公書。己未十二月摩耶精舍書，八
　　　十一叟爰杜多。
鈐印：張爰之印、大千居士。
國立歷史博物館收藏

　　張大千酷愛收藏奇木異石，該聯乃自書其所嗜。在本聯張大
千將重心墨量分放在款文上聯的前三字和下聯的後四字，中間摻
合柔細的線條，巧妙的掌握了墨色濃淡、章法布白的開闊節奏。

野藤蟠作素公畫

八十一歲翁蒼杜多

奇石古松尊者相

乙未十二月廣邵鵠舍畫

6. 「踵羲」行書對聯

"Zhong Yi" – Pair of Matched Scrolls
Bearing Calligraphy in the Running Script

紙本　立軸　129×34×2 cm　1979

款識：踵羲皇而齊泰，體虛靜以儲神。六十八年嘉平月摩耶精舍書，八
　　　十一叟爰。

鈐印：己未、張爰之印、大千居士。

國立歷史博物館收藏

　　本聯乃張大千概括自己的養生之道。書寫時，開頭的第一個
字概以濃、重、大或粗起字，行筆時先濕後乾，字體或舒或展，
線條或細或粗的交互運用，款文整體輕重有度，甚富節奏變化。

271

7. 「此水」行書對聯
"This Water" – Pair of Matched Scrolls
Bearing Calligraphy in the Running Script

紙本　立軸　129×34×2 cm　1979

款識：此水乃有八功德，其人自富五車書。集王典籤石門銘字，此書已
　　　帶行押，為北碑中之僅見者，極可貴也。六十八年嘉平月，八十
　　　一叟爰。

鈐印：張爰之印、大千居士。

國立歷史博物館收藏

　　張大千早年曾拜衡陽曾熙（1861-1930）、臨川李瑞清為師，
遍學「三代兩漢金石文字，六朝三唐碑刻」。此外，他對歷代法
帖名蹟亦經常觀摩學習。本聯乃其反覆臨寫、融通後，以己意加
以詮釋的書作，用筆較為秀逸清雋，著重橫、撇、捺的筆劃舒
展，寫來極富飄動輕拂之感。

此水迴有八功德

集三典藏石門銘字此壴之筆沂押名北碑中之隆見者栢不貴也

其人自富五車書

六十八叕蒤亲月

八十一叟弓

8. 「獨自」行書對聯

"Alone" – Pair of Matched Scrolls Bearing
Calligraphy in the Running Script

紙本　立軸　121×34×2 cm　1979
款識：獨自成千古，悠然寄一丘。六十八年己未大蠟，八十一叟爰。
鈐印：張爰之印、大千居士。
台北私人收藏

　　張大千辭世後，安葬於外雙溪摩耶精舍亭園「梅丘」巨石之
下，此聯可謂畫家生前自輓以明志之句。該聯用筆兼俱中國書法
碑體的剛健厚勁以及帖學的飄逸多姿，同時有一份寧靜寥落的孤
寂感，意境至為動人。此外，下筆為避至聖先師孔子之諱，「丘」
字少寫一劃，謹守傳統中國士人之禮教分際。

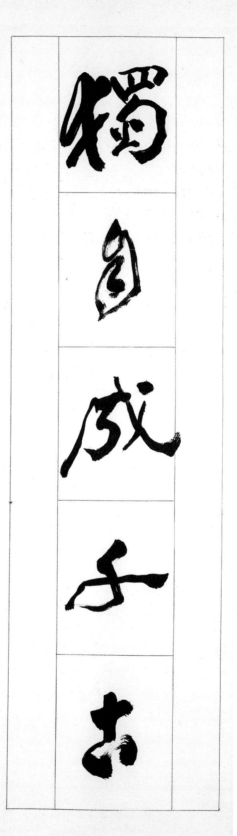

獨自成千古

照然寄一丘

9. 「庭前」行書對聯

"In Front of the Courtyard" – Pair of
Matched Scrolls Bearing Calligraphy in the
Running Script

紙本　立軸　130×33×2 cm　1980
款識：庭前大樹老於我，天外斜陽紅上樓。八十二叟爰。
鈐印：張爰之印、大千居士。
台北私人收藏

　　張大千的書法得自魏碑的凝重雄強之氣，卻又無板滯之弊。
此聯是張大千書前人集宋詩之作，結體略呈方扁，墨色蒼潤，講
求濃淡乾濕之變化，行筆疾澀頓挫，粗細有度，略帶有顫動的筆
法。

庭前大樹老於我

天外斜陽紅上樓

八十三叟雪峰

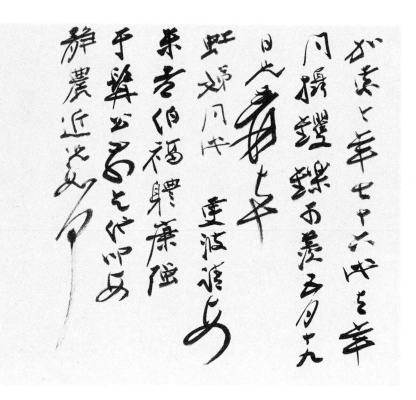

10. 信札
Letter

紙本　冊頁　24.3×33×3 cm　1980

款識：寒弟，東京還巴西，糖尿病加重，戒食為苦，兩眼昏眩，搖搖如
將起飛之發動機，為可慮耳。賤辰曾與八嫂出遊巴西、阿根廷交
界之一括酥大瀑布，雄偉不及美國納嘉納福，而幽邃曲折則較勝
之也。六日歸得手書，見祝、謝二兄，年五十有九，弟亦五十八
矣。相看俱老，大為之慨嘆。眼雖昏瞀尚可作小筆畫，工則不能
矣，不日當寄弟一幅也。此間有一友人託兄求于公楷帖，賜與海
雲，乞弟備紙，俟便揮就早寄巴西也。照片三紙寄上，畢加索今
年七十六，此去年同攝，鑠鑠可羨，五月十九日兄爰頓首，虹姊
同此，雯波請安米老伯福體康強，于髯公前乞代叩安，靜農近況
如何？

台北私人收藏

　　張大千的書札墨蹟除了因其書法功力深厚，有很高的藝術欣
賞價值外，一部分亦是歷史的見證物，具備相當的史料價值。本
封書札，記錄了張大千的交友狀況、健康情形，反映其生活點
滴，填補了研究他生平的空白。

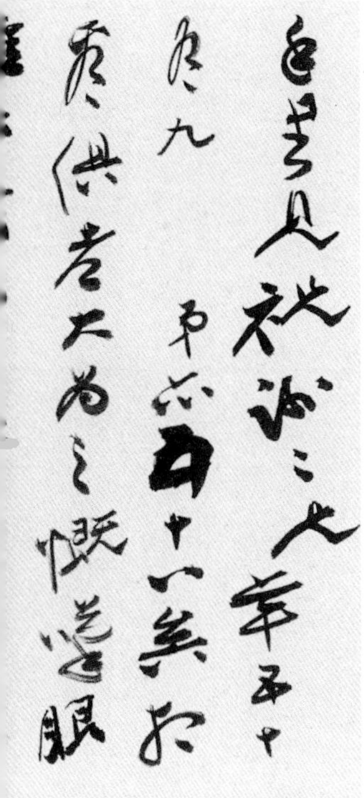

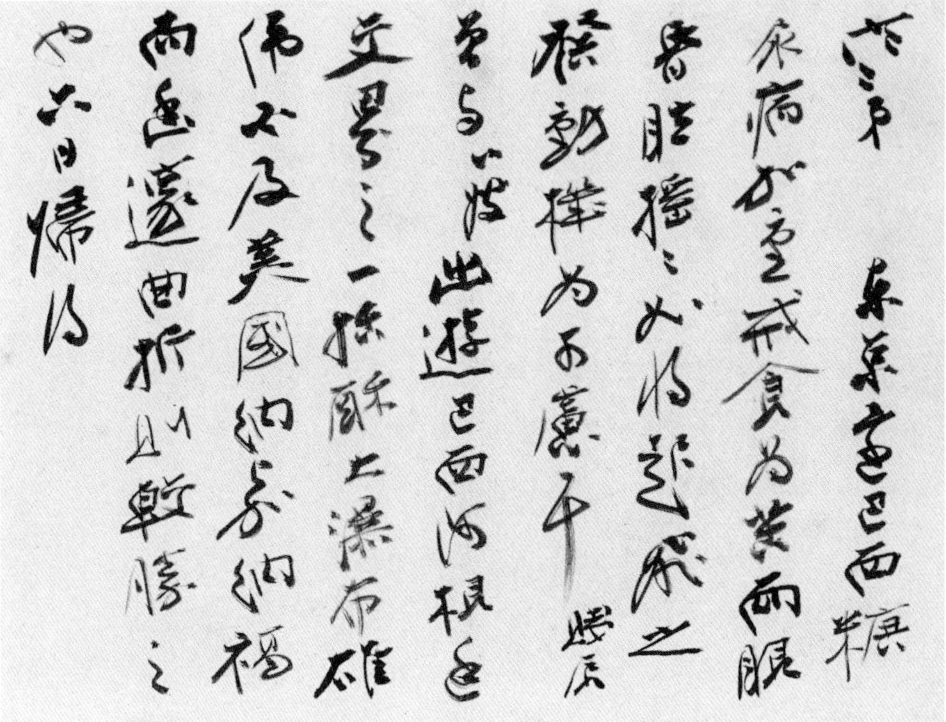

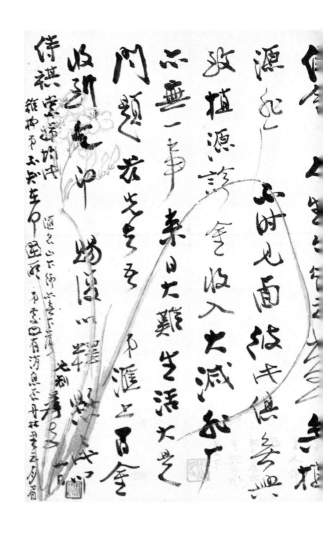

11. 信札
Letter

紙本　冊頁　27.3×19×3 cm　1980

款識：目寒吾弟，入青前得武林書，便思與紫娣寫寄仕女始作覆。巡逡
　　　未成，昨又得霍邱書，亂世流離致可嘆傷，所幸老伯母大人先期
　　　還鄉，尚屬萬幸，否則此時扶老攜幼更困難也。爰移居城內府右
　　　街羅賢胡同十六號，屋價較廉，擔負輕，惟八嫂及諸姪隨二哥二
　　　嫂在郎溪未知存亡耳？十日前畹姬又南歸，將欲往蘇州宜興、郎
　　　溪諸處尋覓，爰此時挈三姪留此亦殊寂寞也。畫展文大佳令人生
　　　今昔之感矣，植源、非厂不時見面，彼此俱無興致。植源診金收
　　　入大減，非厂亦無一事，來日大難生活大是問題。茲先生吾弟匯
　　　上百金，收到乞即賜復，以釋懸懸，此叩侍祺，兄爰頓首三十
　　　日。紫娣均此，稚柳弟不知在何所？弟處有消息否？丹林書云月
　　　眉隨名山下鄉亦無下落。

鈐印：杵白交親、堪白吳平過目心賞。

台北私人收藏

　　書札墨蹟多半都是書家隨意所寫，無修飾的痕跡，帶有鮮明
的個人風格，有時比平日應酬之作更勝一籌，本幅可謂如是。張
大千在此札中字體時有濃淡，時有粗細，明顯地隨著書寫時的心
情或思緒起伏，尤其寫到第三紙第一行「人生今昔之感」的「感」
時，或許因為情之所至，整個字體舒展開來，真可謂心手合一。

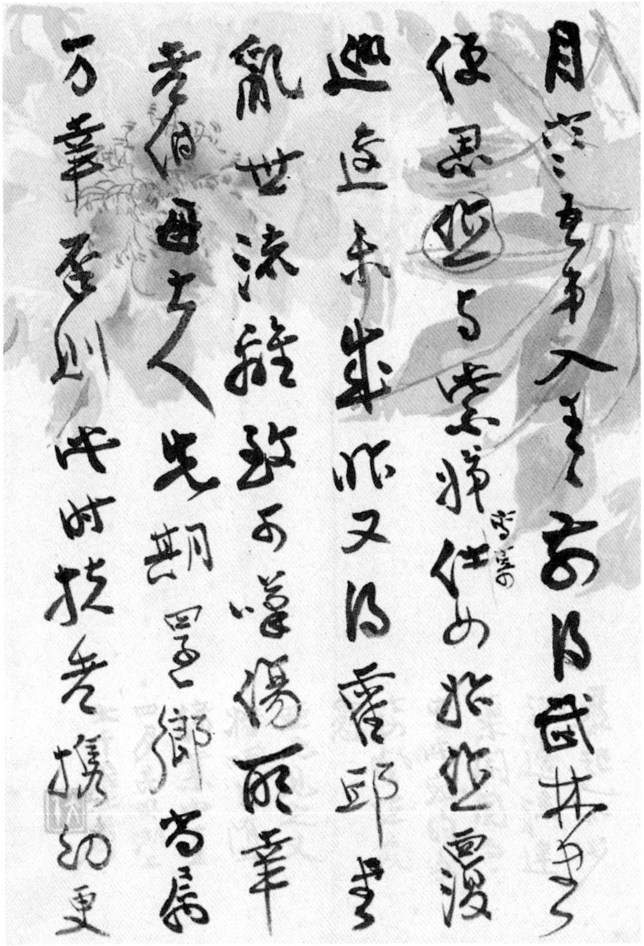

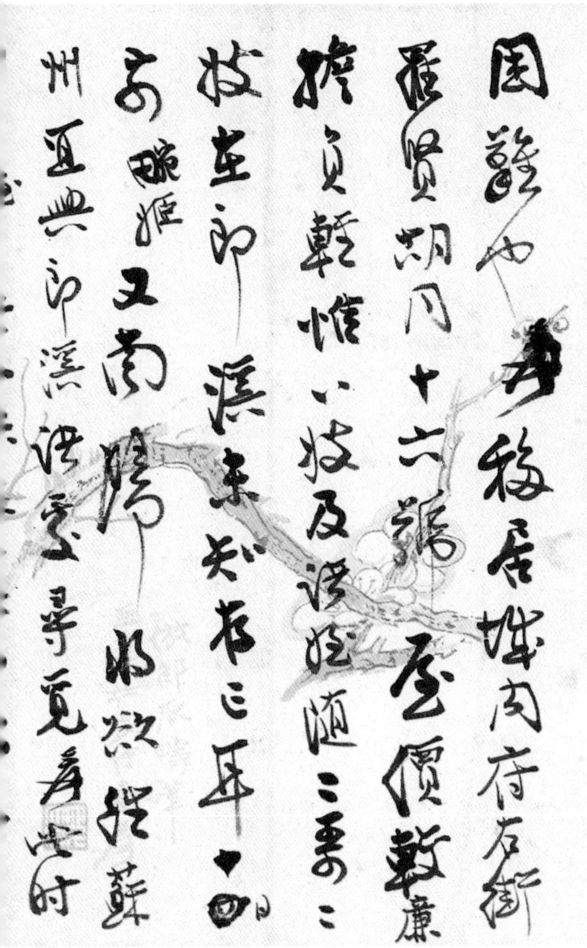

12. 信札
Letter

紙本　手卷　39×94 cm

款識：寒弟，此函將封，適得弟書知葦窗已還港。近月已來目疾雖小
　　　愈，仍未能如人意。君左、子深相繼凋落，殊多感傷，此間有邱
　　　永和君兄初來克密爾頗蒙期接待甚殷，昨亦故去，人世無常誠可
　　　嘆也。原擬八月回臺與弟謀良會，而所建環蓭須再待四五十日方
　　　得完成，子姪輩多不更事須自督工，四十年回顧展又於十一月初
　　　展出，則台灣之行須待明春矣。每念岳君先生與弟輒為神馳，前
　　　見靜農弟畫梅至為高潔，每思為寫小幅以寄意，如詩之有和章，
　　　竟因循未果也。某君不死，真天公憤憤。歷史博物館還兄之宋人
　　　畫犬小軸，在岳公處抑在弟處？能寄來否？柏園賞雪合作已付祖
　　　萊否？十一月回顧展弟能撥冗一來，倘能來，當寄機票如何如
　　　何？七月二日虹娣同此，兄爰頓首，請代兄往岳軍先生府上問
　　　安。

台北私人收藏

　　張大千藝術創作的雖此繪畫最為世人所推重，然其書法成就
亦頗可觀，其繪畫創作亦與書法息息關。他的書法風格發展概
況，大致三十歲以前受李瑞清影響，三十至四十歲近曾熙風格，
四十以後參合黃庭堅，六十以後個人風格完全成熟。此信札完全
是他個人獨特的「大千書體」，使筆運墨，皆率意自運而成。

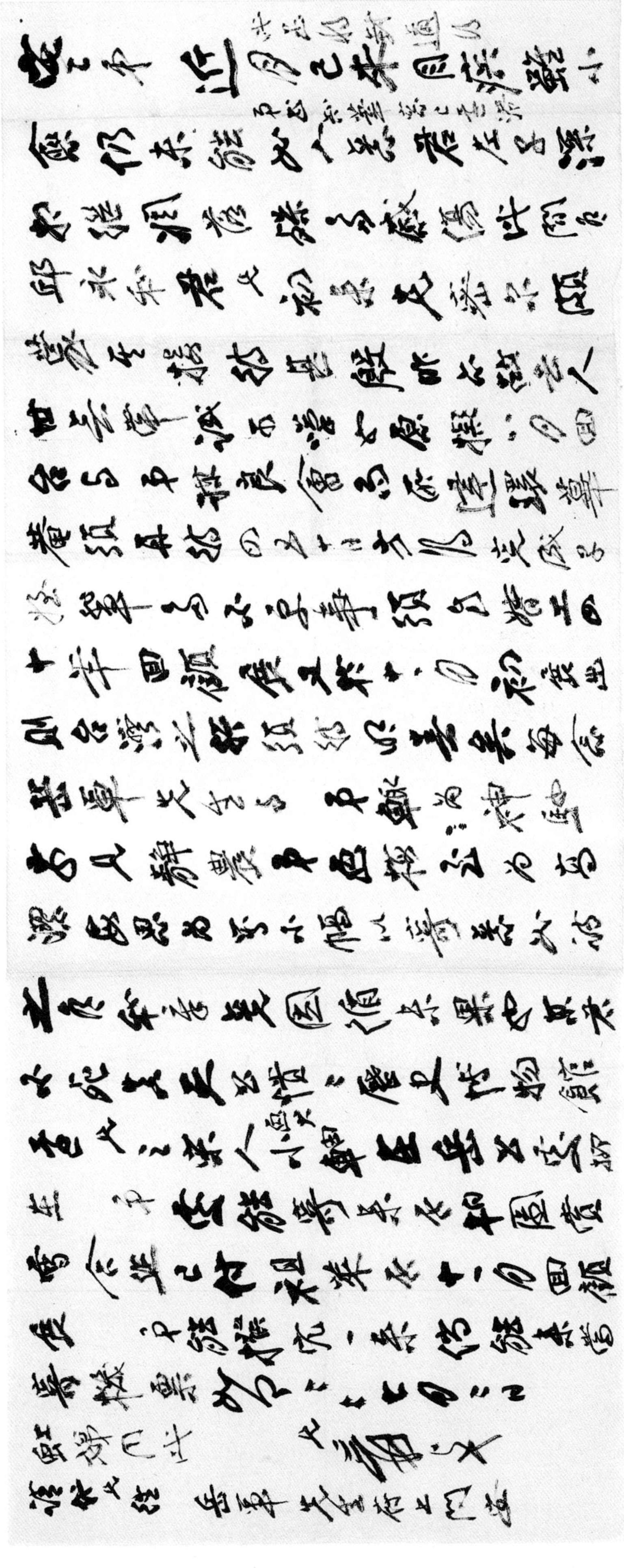

生平年表
Biography

1899　五月十日出生於四川省內江縣，排行第八，名正權，父張懷忠，母曾友貞。

1907　從母姐習畫花卉，二哥善孖（1882-1940）由日本返國回四川。

1911　就讀天主教福音堂小學，接受新式教育。

1914　就讀重慶求精中學；二哥反袁逃亡日本。

1916　暑假返家途中，遭土匪綁架百日脫困，期間開始學習作古詩。

1917　赴日本與二哥會合，並於京都學習染織。

1919　返回上海拜前清名士曾熙、李瑞清為師。
　　　遁入佛門為僧，法名「大千」；三個月後為家人尋回四川。

1920　借居上海李薇莊宅，臨仿古畫名蹟，並涉於書畫收藏。

1924　父逝世，開始蓄鬚；約在此年始用「大風堂」堂號。
　　　參加上海「秋英會」書畫雅集，嶄露頭角。

1925　於上海舉行第一次個展，邁入職業畫家生涯。

1931　四月與二哥善孖赴日本，同任「唐宋元明中國畫展」代表。

1932　移居蘇州「網師園」。

1934　任教南京中央大學藝術系。
　　　北平個展。
　　　參加「中國現代畫展」，作品赴歐洲巡迴展出。

1937　日本侵華，遭日軍軟禁北平頤和園。

1938　逃離北平，返回四川，居都江堰市青城山的上清宮，潛心詩畫。

1940　前往敦煌考古，因二兄善子病逝返重慶奔喪。

1941　三月至敦煌，開始為期二年六個月的壁畫潛修工作，研習古代繪畫精華。

1943　敦煌壁畫臨摹工作結束，完成摹作二百七十六件。

1944　於成都、重慶舉行敦煌壁畫摹本展覽，造成轟動。

1945　居成都昭覺寺，繼續整理創作，完成《四軸聯屏大墨荷》、《西園雅集》等
　　　大幅作品展出。

1946　西安、上海畫展；返回北平，購藏得古代《傳董源江隄晚景》、《韓熙載夜
　　　宴圖》、《巨然江山晚興圖卷》等重要畫蹟，欣喜異常。

1949　首次赴台灣，並舉行個展；大陸局勢劇變，與家眷轉赴香港暫居。

1950　印度新德里畫展，並於Ajanta窟觀摩印度壁畫。
　　　隱居印度大吉嶺（Darjeeling）一年，用功於詩文書畫。

1952　秋末由香港舉家遷往南美阿根廷之Mendoza，並於首都Buenos Aires舉行畫
　　　展。

1953　訪遊日本，台北香港畫展，並首度訪美。
　　　敦煌壁畫摹本共大小125件，由四川家人捐贈四川省博物館。

1899	Born on May 10, in Neijiang County, Sichuan Province, China, as the eighth child of Chang Huaizhong (father) and Zeng Youzhen (mother).
1907	Chang learns to paint flowers from his mother. His second brother Chang Shan-Zi (1882-1940) returns home from Japan.
1911	Chang attends a Catholic junior school and receives modern form of education.
1914	Attends Chungching Qiujing High School. His second brother opposes Yuan Shi-Kai and is forced to flee to Japan.
1916	Returning home from boarding school, Chang is kidnapped by bandits and held ransom for 100 days. During this period he begins to study traditional Chinese poetry.
1917	Chang travels to Japan where he meets with Chang Shanzi and studies textile dyeing.
1919	Returns to Shanghai where he studies calligraphy with renowned Qing calligraphy masters Zeng Xi (1861-1930) and Li Ruiqing (1867-1920). Chang is tonsured in a Buddhist temple where he is given the name Dai-Chien. After three months he returns to Sichuan at the request of his family.
1920	Returns to Shanghai and lives at the residence of Li Weizhuang, where he begins to copy ancient paintings and becomes interested in collecting art works.
1924	Father dies. Chang starts to grow a beard and at around the same time begins to use the studio name Dafeng Tang. Participates in the "Qiuying Association" for painters in Shanghai and begins to develop his reputation.
1925	Chang's first solo exhibition is held in Shanghai, marking the start of his career as a professional painter.
1931	Travels to Japan with his second brother Chang Shan-Zi in April, as a representative of the government sponsored "Exhibition of Art from the Tang, Song, Yuan and Ming Dynasties".
1932	Moves to "Wang-shi Yuan" Garden in Suzhou.
1934	Appointed a teacher in the Department of Art at Nanjing Central University. Holds his first solo exhibition in Beijing. Participates in the "Chinese Modern Painting Exhibition", which tours throughout Europe.
1937	Japan invades China and Chang Dai-Chien is placed under house arrest at the Royal Summer Palace in Beijing.
1938	Chang Dai-Chien flees from Beijing back to Sichuan. Decides to stay at the Daoist Shangqing temple in the Chingcheng Mountains in Dujiangyan City, where he concentrates on the study of poetry and painting.
1940	Begins journey to the Mogao Caves in Dunhuang, Gansu Province, but on route receives news of his brother Shan-Zi's death and returns to Chongqing.
1941	Reaches Dunhuang in March; spends two and a half years studying and copying the ancient Buddhist murals, and in the process absorbs a great deal of ancient painting skills and ideas.
1943	Finishes his work of copying the Dunhuang murals, completes 276 pieces.
1944	Holds an exhibition of the copies of Dunhuang murals in Chengdu and Chongqing. These works receives considerable attention and arouses public interest.
1945	Lodges at the Zhaojue Buddhist Temple in Chengdu. Continues to organize his work. Completes and exhibits such major works as the "Giant Ink Lotuses" and the "Elegant Gathering in Western Garden Collection".
1946	Exhibits in Xi'an and Shanghai. Returns to Beijing where he purchases a number of important ancient paintings, "Along the Riverbank at Dusk (attributed to Dong Yuan)", the "Night Banquet of Han Xizai (attributed to Gu Hongzhong)", "River and Mountain in the Evening (attributed to Ju Ren)" for his own appreciation and enjoyment.
1949	Chang Dai-Chien visits Taiwan for the first time and holds a solo exhibition. With the defeat of the KMT government in China, Chang and few family members move temporarily to Hong Kong.
1950	Exhibition in New Delhi, India. Chang spends time studying and copying murals at Ajanta Caves. Lives in seclusion in Darjeeling, India for one year, painting and studying poetry.

1954　二月遷居巴西聖保羅市近郊之Mogi城，耗鉅資闢建中國庭園「八德園」，自此僑居巴西十五年。

1955　將個人收藏集印於日本東京出版《大風堂名蹟》四冊，並舉行畫展。
　　　留川家人再次將敦煌壁畫摹本及印章一批移交四川省博物館保存。

1956　四月於東京展出敦煌壁畫摹本，六月再轉赴巴黎Cernuschi博物館展出。
　　　首度遊歐，七月又於巴黎d'Art Moderne展出近作30件。
　　　七月底於法國南部的Nice會晤畢卡索於其La Californie別墅。

1957　紐約畫展。罹患目疾，赴美就醫。

1958　獲紐約「國際藝術學會」金質獎章。

1959　首次於台北國立歷史博物館展。

1960　巴黎National Salon，比利時Brussels皇家藝術歷史博物館，雅典Parnassus Hall，西班牙Madrid, El Circulo de Bellas Artes畫展。

1961　日內瓦Municipal d'Art et d'histoire博物館畫展。
　　　巴黎Cernuschi博物館巨幅荷花特展。
　　　紐約現代美術館收藏《墨荷》軸一件。

1962　潑墨畫風成形。
　　　香港大會堂開幕首展。

1965　倫敦首次個展於Grosenor Gallery。

1967　加州Stanford大學博物館、Carmel, Laky Gallery展覽。

1968　作《長江萬里圖》長卷，並於台北國立歷史博物館特展。
　　　加州Stanford大學、紐澤西Princeton大學發表中國藝術演講。
　　　紐約、芝加哥、波士頓個展。

1969　敦煌壁畫摹本62件捐贈台北國立故宮博物院，並舉行特展。
　　　由巴西遷居美國加州Carmel，新居名「可以居」。
　　　洛杉磯、紐約、波士頓等地各展。

1971　遷居Carmel營建之新宅「環蓽盦」。
　　　香港大會堂展。

1972　舊金山亞洲美術館《四十年回顧展》。
　　　洛杉磯授榮譽市民。

1973　捐贈原寄存在摯友郭有守處之百餘件畫作予台北國立歷史博物館。

1976　返回台北定居，並舉行歸國畫展。

1978　八月台北「摩耶精舍」落成，遷入新居。

1982　四月獲總統頒贈國家至高榮譽之「中正勳章」，以表揚他在文化上的貢獻。

1983　元月二十日於台北國立歷史博物館首展鉅作《廬山圖》。
　　　四月二日上午病逝於台北；政府明令褒揚，並以國旗覆棺。
　　　遺體火化安葬於摩耶精舍庭園中之「梅丘」奇石之下。
　　　遺囑將「摩耶精舍」及其所收藏之古代書畫全部捐贈國家。

1952	Late autumn moves from Hong Kong to Mendoza in Argentina. Exhibits in the capital Buenos Aires.
1953	Visits Japan. Exhibits in Taipei and Hong Kong. Makes first trip to the United States. Family members in Sichuan donate 125 of his copies of the Dunhuang murals to the Sichuan Provincial Museum.
1954	February, moves to Mogi, near Sao Paulo in Brazil and spends a great deal of money renovating his residence into a Chinese- design residence which he names the "Bade Garden". This marks the beginning of a period of 15 years in which Chang Dai-Chien resides in Brazil.
1955	Publishes a four-volume series of ancient Chinese painting masterpieces from his own collection, "Collected Works of Dafeng Tang" in Tokyo. Also exhibits his own work. Family members in Sichuan once again donate some of his copies and stamps of the Dunhuang murals to the Sichuan Provincial Museum.
1956	April, exhibits copies of the Dunhuang murals in Tokyo, which are then exhibited at the Musee Cernuschi, Paris in June. Chang Da-Chien visits Europe for the first time and exhibits 30 major works at the Musee d'Art Moderne in Paris. Meets Picasso in late July at his villa "La Califonnie" in Nice, in the south of France.
1957	New York Exhibition. Chang's eyesight affected by diabetic retinopathy and he travels to the US for treatment.
1958	Awarded a "Gold Medal" by the New York International Council of Fine Arts.
1959	First exhibition at the National Museum of History in Taipei.
1960	Exhibitions at the National Salon, Paris, Royal Museum of Art History, Brussels, Parnassus Hall, Athens, and the El Circulo de Bellas Artes, Madrid.
1961	Exhibits at the Municipal d'Art et d'histoire, Geneva. Special exhibition of Chang Dai-Chien's giant lotus paintings at the Cernuschi Museum, Paris. New York Museum of Modern Art acquires, "Lotus", an ink painting on paper.
1962	The splashed ink style of painting has been developed. Exhibits in Hong Kong at the inauguration of the City Hall Museum.
1965	First solo exhibition at the Grosvenor Gallery, London.
1967	Exhibits in California at the Stanford University Museum and the Lake Gallery in Carmel.
1968	Completes "Panorama the Yangzi River" and holds a special exhibition at the National Museum of History in Taipei. Chang delivers lectures on Chinese art at Stanford in California and Princeton in New Jersey. Solo exhibitions in New York, Chicago and Boston.
1969	Donates 62 copies of Dunhuang murals to the National Palace Museum, which displays them in a special exhibition. Moves to a new home in Carmel, California, that he names "Keyi Ju". Exhibitions in Los Angeles, New York and Boston.
1971	Moves to a new home in Carmel Chang calls "Huanbi An". Exhibits in Hong Kong.
1972	Major retrospective exhibition at the Asian Art Museum of San Francisco. Awarded honorary citizenship of Los Angeles.
1973	Donates over one hundred paintings originally stored at a friend, Kuo You-Shou's house in Paris, to the National Museum of History in Taipei.
1976	Returns to live in Taipei. The National Museum of History holds a "Homecoming" exhibition to commemorate the event.
1978	August, moves into the completed Moye Jingshe.
1982	April, presented with the highest honor of a "Presidential Medal" in Taiwan, in recognition of his great work in promoting Chinese culture.
1983	January 20, the National Museum of History in Taipei premieres the unfinished work "Panorama of Mount Lu". April 2, Chang Dai-Chien dies in Taipei ROC government praises his achievements and grants him the honor of having his coffin covered with the national flag. Chang's ashes are interred in Moye Jingshe, beneath a boulder bearing his calligraphic inscription "Plum Blossom Hill". His will bequeaths a collection of ancient art and the Moye Jingshe to the National Palace Museum, Taipei.

國家圖書館出版品預行編目資料

張大千110：書畫紀念特展 ＝ Chang Dai-Chien:
Memorial Painting and Calligraphy Exhibition /
國立歷史博物館編輯委員會編輯. -- 初版. --
臺北市：史博館，民98.04
　　面；　公分
中英對照
ISBN 978-986-01-8067-1（平裝）

1. 書畫　2. 作品集

941.5　　　　　　　　　　　　　　　98005460

張大千 110 歲
書畫紀念特展
Chang Dai-Chien
Memorial Painting and Calligraphy Exhibition

發 行 人	黃永川	Publisher	Huang Yuan-Chuan
出 版 者	國立歷史博物館	Publishing Organization	National Museum of History
	地址 台北市10066南海路49號		49 Nan-Hai Rd., Taipei 10066, Taiwan
	電話 886-2-23610270		Tel: 886-2-23610270
	傳眞 886-2-23311371		Fax: 886-2-23311371
	網址 http://www.nmh.gov.tw		http://www.nmh.gov.tw
編　　輯	國立歷史博物館編輯委員會	Editorial Committee	Editor Committee of National Museum of History
主　　編	巴 東	Chief Editor	Ba Tong
專文作者	王耀庭、巴 東	Author	Wang Yao-Ting, Ba Tong
圖版說明	巴　東、周妙齡、魏可欣	Painting Descriptions	Ba Tong, Chou Miao-Ling, Wei Ke-Hsin
執行編輯	周妙齡、魏可欣	Executive Editor	Chou Miao-Ling, Wei Ke-Hsin
英文審稿	Mark Rawson	English Proofreader	Mark Rawson
美術設計	關月菱	Art Design	Kuan Yueh-Ling
封面設計 展場設計	林志峰、傅郁心	Interior Designer	Lin Chih-Feng, Fu Yu-Hsin
總　　務	許志榮	Chief General Affairs	Hsu Chih-Jung
會　　計	劉營珠	Chief Accountant	Liu Ying-Chu

印　　製	四海電子彩色製版股份有限公司	Printer	Suhai Design and Production
	台北市光復南路35號5樓B棟		5B FL., 35 Guang Fu S. Road, Taipei
	電話：02-2761-8117		Tel: 886-2-2761-8117

出版日期	中華民國98年4月	Publication Date	April 2009
版　　次	初版	Edition	First Edition
定　　價	新台幣900元	Price	NT$ 900

展 售 處	國立歷史博物館文化服務處	Museum Shop	Cultural Service Department of National Museum of History
	臺北市10066南海路49號		Address: 49, Nan Hai Rd., Taipei, Taiwan, R.O.C. 10066
	電話：02-23610270		Tel: +886-2-2361-0270
	五南文化廣場		Wunanbooks
	台中市中山路6號		Address: 6, Chung Shan Rd., Taichung, Taiwan, R.O.C.
	電話：04-22260330#21		Tel: +886-4-22260330#21
	國家網路書店		Government online bookstore
	http://www.govbooks.com.tw		http://www.govbooks.com.tw

統一編號	1009800776	GPN	1009800776
國際書號	978-986-01-8067-1	ISBN	978-986-01-8067-1